COURS
DE THÈMES.
HUITIÈME.

COURS
DE THÈMES

COMPOSÉ

DE TRAITS D'HISTOIRE, FABLES, DESCRIPTIONS

ET MORCEAUX DE MORALE

ADAPTÉS AUX RÈGLES DU RUDIMENT

ET SUIVIS D'UN DICTIONNAIRE FRANÇAIS-LATIN

RÉDIGÉ ET MIS EN ORDRE

PAR DEUX PROFESSEURS DE L'ACADÉMIE DE PARIS.

CLASSE DE HUITIÈME

Par J. MASSELIN.

QUINZIÈME ÉDITION.

PARIS.

IMPRIMERIE ET LIBRAIRIE CLASSIQUES

De JULES DELALAIN et FILS

RUE DES ÉCOLES, VIS-A-VIS DE LA SORBONNE.

M DCCC LXVII.

COURS DE THÈMES

A L'USAGE

DES HUITIÈMES.

EXERCICES PRÉLIMINAIRES

SUR LES DÉCLINAISONS.

PREMIÈRE DÉCLINAISON.

1.

NOMS RÉGULIERS.

acc.   gén.
La belette (*mustela*); de la pluie (*pluvia*); ô
       gén.
plume (*pluma*); du poëte (*poeta*); à la poule
     acc.   abl.
(*gallina*); la province (*provincia*); de la proie
       acc.
(*præda*); aux belettes[1]; les plumes; ô poëtes;
     abl.   acc.
aux poules; des provinces; les rixes (*rixa*); de
  abl.   gén.   acc.
l'absence (*absentia*); des ailes (*ala*); l'air (*aura*);
       abl.   gén.
ô âme (*anima*); de l'amitié (*amicitia*); des am-

---

1. On n'a point répété le latin des mots déjà employés.

acc.

phores (*amphora*); les baleines (*balœna*); des
abl.   acc.
bottes (*ocrea*); ô causes (*causa*); les cigales
(*cicada*).

2.

NOMS IRRÉGULIERS.

abl.

De la maîtresse (*domina*); ô fille (*filia*); la
acc.
jument (*equa*); à la servante (*famula*); les com-
abl. acc.
pagnes (*socia*); aux filles; des juments; les ânesses
gén.   acc.
(*asina*); de la musique (*musice*); la comète
abl. acc.   gén.
(*cometes*); de la comète; la musique; de la gram-
acc.
maire (*grammatice*); Énée (*Æneas*); à Énée;
abl. acc.   gén.
d'Énée; Syracuse (*Syracusæ*); du marché (*nun-*
acc.
dinæ); à Athènes (*Athenæ*); le lecteur (*ana-*

gnostes).

____

DEUXIÈME DÉCLINAISON.

3.

NOMS RÉGULIERS.

gén.

A l'aiguillon (*aculeus*); de l'ambitieux (*am-*
acc.   abl.
bitiosus); le loup (*lupus*); de l'ami (*amicus*);

1.

acc.   acc.
les années (*annus*); l'astucieux (*astutus*); ô
gén.
baudet (*asinus*); des aiguillons; aux ambitieux;
abl.   acc.
des cuisiniers (*coquus*); les coqs (*gallus*); ô

cyniques (*cynicus*); les dangers (*periculum*);
abl.
du délit (*delictum*); les éléments (*elementum*);
acc.
l'empressement (*studium*); ô engourdissement
abl.
(*veternum*); de l'ennui (*tædium*); aux entre-

prises (*inceptum*); les études (*studium*); des
abl.
génies (*ingenium*); ô exemples (*exemplum*);
acc.
les fonctions (*munia*).

<h2 style="text-align:center">4.</h2>

<h3 style="text-align:center">NOMS IRRÉGULIERS.</h3>

abl.   acc.
Du fils (*filius*); le génie (*genius*); les dieux
abl.
(*deus*); aux fils; des dieux; ô agneaux
gén.
(*agnus*); les chœurs (*chorus*); des dieux;
acc.   abl.   abl.
Orphée (*Orpheus*); des agneaux; d'Orphée; les
acc.   gén.   gén.
chœurs; ô Orphée; des agneaux; d'Orphée;

aux chœurs ; ô génie ; du *gén.* fils ; aux dieux ; ô
acc.
agneau ; les lieux (*locus*).

TROISIÈME DÉCLINAISON.

5.

NOMS RÉGULIERS.

gén. Du juge (*judex*) ; *acc.* le lion (*leo*) ; ô lièvre
(*lepus*) ; de la liberté *abl.* (*libertas*) ; le juge ; *acc.* au
gén. lièvre ; des lions ; les lièvres ; *acc.* ô liberté ; des
gén. juges ; ô lions ; des lièvres *abl.* ; les juges.

6.

NOMS IRRÉGULIERS.

acc. La clef (*clavis*) ; du navire *abl.* (*navis*) ; à la tour
(*turris*) ; l'hérésie *acc.* (*hœresis*) ; des clefs *abl.* ; des
hérésies ; *gén.* les tours ; *acc.* des héros *gén.* (*heros*) ; de la
gén. lampe (*lampas*) ; la tyrannie *acc.* (*tyrannis*) ; la nuée *acc.*

gén.

(*nubes*); des chiens (*canis*); aux croix (*crux*);

gén.

des nuées; aux montagnes (*mons*); les pains

abl.

(*panis*); aux grues (*grus*); du voleur (*fur*);

acc.

le poëme (*poema*); aux bœufs (*bos*); le bœuf;

gén.   acc.   abl.

des voleurs; le tigre (*tigris*); de la toux

abl.

(*tussis*); les navires; des poupes (*puppis*); le

acc.

bœuf; la poupe; les poëmes; les hérésies; à

abl.

noix (*nux*); des hérésies; aux poëmes.

QUATRIÈME DÉCLINAISON.

7.

NOMS RÉGULIERS.

abl.

A la main (*manus*); de la chute (*casus*); le

gén.   abl.

visage (*vultus*); du char (*currus*); de la course

abl.   acc.

(*cursus*); par la crainte (*metus*); le degré (*gra-*

gén.   acc.

dus); des plaintes (*questus*); le sein (*sinus*); à

abl.

mains; aux courses; des degrés.

8.

NOMS IRRÉGULIERS.

acc.
L'arc (*arcus*); aux membres (*artus*); des
abl.   acc.
chênes (*quercus*); les tribus (*tribus*); à la broche

(*veru*); aux enfantements (*partus*); la corne
                                gén.
(*cornu*); aux broches; des maisons (*domus*);
acc.   abl.   gén.
Jésus (*Jesus*); des cornes; ô maisons; de l'enfan-
            abl.   abl.
tement; du lac (*lacus*); ô Jésus; de la maison;
                    acc.   gén.   abl.
aux cornes; les maisons; des arcs; des broches;
abl.   acc.
des lacs; le chêne.

CINQUIÈME DÉCLINAISON.

9.

acc.   gén.
Le jour (*dies*); de la chose (*res*); les

races (*progenies*); aux apparences (*species*); les
                                abl.
faces (*facies*); des choses; ô apparences; des
abl.   acc.   gén.
jours; la glace (*glacies*); de l'armée (*acies*);

acc.   acc.

la foi (*fides*); ô chose; les armées; à la foi;
abl.
les glaces; de la glace; aux jours.

RÉCAPITULATION

DES CINQ DÉCLINAISONS.

(Les cas douteux seront mis à volonté.)

10.

La maîtresse (*domina*); des poëtes (*poeta*);
ô aliment (*alimentum*); par l'amitié (*amicitia*);
ô filles (*filia*); aux caresses (*blanditia*); la
comète (*cometes*); de la musique (*musice*); les
aiguillons (*aculeus*); des cyniques (*cynicus*);
aux cuisiniers (*coquus*); les études (*studium*);
aux fonctions (*munia*); des exemples (*exemplum*); l'ennui (*tædium*); des études; les
fils (*filius*); ô dieux (*deus*); d'Orphée (*Orpheus*); des chœurs (*chorus*); les fonctions;
des agneaux (*agnus*); les juges (*judex*); ô lièvres (*lepus*); de la liberté (*libertas*); les en-
treprises (*inceptum*); aux empressements (*studium*); les lions (*leo*); aux juges; le lièvre; les
tours (*turris*); du juge; le lion; ô liberté; la
clef (*clavis*); aux tours; de la lampe (*lampas*);
à la tyrannie (*tyrannis*); des nuées (*nubes*); aux

montagnes (*mons*); aux grues (*grus*); des pains (*panis*); ô hérésies (*hœresis*); de la poupe (*puppis*); les poëmes (*poema*); des bœufs (*bos*); la toux (*tussis*); des broches (*veru*); aux tribus (*tribus*); le fruit (*fructus*); des mains (*manus*); ô visages (*vultus*); des degrés (*gradus*); de la plainte (*questus*); les courses (*cursus*); la crainte (*metus*); de la chute (*casus*); des visages; ô chars (*currus*); à la chute; des haches (*securis*); aux cornes (*cornu*); à l'enfantement (*partus*); du lac (*lacus*); les maisons (*domus*); aux chênes (*quercus*); de Jésus (*Jesus*); à la maison; ô jours (*dies*); les faces (*facies*); les apparences (*species*); de la foi (*fides*); l'armée (*acies*); de la chose (*res*); les jours; ô foi; les glaces (*glacies*); aux choses..

EXERCICES PRÉLIMINAIRES

SUR LES VERBES.

Tout verbe s'accorde en nombre et en personne avec son nominatif ou sujet.

Exemples : Je suis, *ego sum;* tu es, *tu es;* il est, *ille est;* nous sommes, *nos sumus;* vous êtes, *vos estis;* ils sont, *illi sunt.*

Ego est du singulier; *sum* est aussi du singulier : *ego* est de la première personne; *sum* est aussi de la première personne, etc.

Remarque. On sous-entend ordinairement le pronom nominatif ou sujet.

VERBES ACTIFS ET NEUTRES.

PREMIÈRE CONJUGAISON.

Infinitif, *are ;* seconde pers. du présent de l'indicatif, *as.*

1.

L'homme, *hom-o,* *inis.* m. — Appeler, *voc-are, o,* *as, avi, atum.* a.

L'homme appelait; il appellera; il a appelé;

il appellerait[1]; qu'il eût appelé. — Les hommes appellent; ils auront appelé, qu'ils aient appelé. — Nous avions appelé; vous appelâtes; que tu appelles; appelez. — Appelant; avoir appelé; devant appeler.

2.

La voix, *vo-x, cis.* f. — Résonner, *son-are, o, as, ui, itum.* n. [2].

Les voix résonnèrent; elles auraient résonné; elles avaient résonné; qu'elles résonnent. — La voix résonne; elle aura résonné; qu'elle résonnât; elle a résonné. — Résonner; en résonnant; avoir dû résonner. — Nous résonnions; résonnez; vous eûtes résonné.

DEUXIÈME CONJUGAISON.

Infinitif, *ēre;* seconde personne du présent de l'indic., *es.*

3.

Le maître, *magis-ter, tri.* m. — Instruire, *doc-ere, eo, es, ui, tum.* a.

Les maîtres instruisaient; ils auront instruit; ils ont instruit; qu'ils eussent instruit. — Le

1. Les *conditionnels* français se rendent en latin : le *conditionnel présent* par l'*imparfait,* et le *conditionnel passé* par le *plus-que-parfait* du *subjonctif.*

2. Les verbes *neutres* sont ceux qui n'ont pas de passif. Ils se conjuguent comme les verbes actifs, excepté quelques-uns appelés verbes *neutres passifs,* et dont les temps composés suivent en latin la conjugaison passive. Plusieurs verbes en français se conjuguent aussi avec *être* au lieu d'*avoir : je suis venu,* au lieu de *j'ai venu.*

maître instruisit; qu'il instruise; il avait instruit.
— D'instruire; qu'il avait instruit; qui devaient
instruire. — Que nous instruisissions; que
j'eusse instruit; vous instruisîtes; j'avais instruit; qu'ils instruisent.

4.

Le sage, *sapien-s, tis.* m. — Se taire, *tac-ere, eo, es,
ui, itum.* n.

Le sage s'est tu; il se taira; il se tait; qu'il se
taise. — Taisez-vous; nous nous sommes tus; je
me tairais; que vous vous fussiez tus. — A se
taire; qui se taisait; qui doit se taire; qu'il se
taisait. — Les sages se seront tus; ils se taisent;
qu'ils se soient tus; ils se seraient tus.

TROISIÈME CONJUGAISON.

Infinitif, *ĕre;* seconde personne du présent de l'indic., *is.*

5.

Le soldat, *mil-es, itis.* m. — Tuer, *occīd-ere, o, is, i,
occisum.* a.

Le soldat avait tué; il aurait tué; il tuait; il
aura tué; qu'il tuât. — Les soldats eurent tué;
ils avaient tué; qu'ils aient tué; qu'ils tuent; ils
tuent. — Tuer; en tuant; qu'il eût tué; qu'il
avait tué. — Vous tuiez; nous tuâmes; il tuera;
que vous ne tuiez point [1].

1. *Ne pas* ou *ne point* se traduit le plus souvent en
latin par *non;* quelquefois, selon la construction de la
phrase, on le rend par *ne* avec le subjonctif.

6.

Le corbeau, *corv-us*, *i.* m. — Vivre, *viv-ere*, *o*, *is*, *vixi*, *victum.* n.

Le corbeau a vécu; il aura vécu; qu'il vécût; il vit; il aurait vécu. — Vivant; avoir dû vivre; qui doit vivre; pour vivre. — Nous vivons; vous aurez vécu; que j'aie vécu; nous avions vécu; vivez. — Les corbeaux auront vécu; ils vivent; ils ont vécu; ils ne vivraient point.

QUATRIÈME CONJUGAISON.

Infinitif, *ire;* seconde personne du présent de l'indic., *is.*

7.

L'ennemi, *host-is*, *is.* m. — Fortifier, *mun-ire*, *io*, *is*, *ivi*, *itum.* a.

Les ennemis fortifieront; ils ont fortifié; ils auraient fortifié; qu'ils fortifient. — Nous eûmes fortifié; vous n'aviez pas fortifié; je fortifiais; que vous fortifiassiez. — L'ennemi fortifie; qu'il ait fortifié; il aura fortifié; il fortifia. — Avoir fortifié; qu'il fortifierait; fortifiant; en fortifiant.

8.

L'ami, *amic-us*, *i.* m. — Venir, *ven-ire*, *io*, *is*, *i*, *tum.* n.

Les amis étaient venus; ils seraient venus; qu'ils vinssent; ils viendront. — L'ami fut venu; qu'il vienne; il ne venait pas; qu'il fût venu. — Vous venez; je serai venu; que je sois venu; venons; nous venons. — De venir; avoir dû venir; qui vient; qu'il viendra; qui devait venir.

VERBES PASSIFS ET DÉPONENTS.

PREMIÈRE CONJUGAISON.

9.

L'homme, *hom-o, inis.* m. — Appeler, *voc-are.*

L'homme était appelé; il sera appelé; il avait
été appelé; qu'il soit appelé. — Les hommes ont
été appelés; ils auraient été appelés; qu'ils aient
été appelés; ils auront été appelés. — Que nous
soyons appelés; soyez appelés; que nous fussions
appelés; je suis appelé. — Qu'il avait été appelé;
qu'il eût dû être appelé; à être appelé; qui doit
être appelé.

10.

Le général, *du-x, cis.* m. — Exhorter, *hort-ari, or,
aris, atus sum.* d.

Les généraux exhortaient; ils avaient exhorté;
qu'ils aient exhorté; ils exhorteraient; ils ont
exhorté; qu'ils eussent exhorté. — Le général a
exhorté; il exhortera; qu'il exhorte; il exhorta;
qu'il ait exhorté. — Exhortons; je n'exhorterai
pas; vous exhortiez; j'aurais exhorté; vous
exhortâtes. — Devoir exhorter; à être exhorté;
qu'il eût exhorté; qui a exhorté.

DEUXIÈME CONJUGAISON.

11.

L'enfant, *puer, i.* m. — Instruire, *doc-ere.*

L'enfant avait été instruit; il eût été instruit; il aurait été instruit; qu'il soit instruit. — Les enfants étaient instruits; qu'ils fussent instruits; ils seront instruits; ils auraient été instruits. — Soyons instruits; que je fusse instruit; vous êtes instruits; tu auras été instruit. — A être instruit; qu'il a été instruit; avoir dû être instruit; devant être instruit.

12.

Le magistrat, *magistrat-us, ús.* m.—Craindre, *ver-eri, eor, eris, itus sum.* d.

Les magistrats avaient craint; ils auraient craint; ils craindront; ils craignaient. — Le magistrat craint; il aurait craint; qu'il craigne; il aura craint. — Craignez; nous craignîmes; que tu aies craint; vous ne craignez point. — Qui avait craint; qu'il eût craint; avoir craint; qui craindra.

TROISIÈME CONJUGAISON.

13.

Le soldat, *mil-es, itis.* m. — Tuer, *occī-dere.*

Le soldat a été tué; il sera tué; il aurait été tué; qu'il soit tué. — Que les soldats aient été tués; ils furent tués; qu'ils fussent tués; ils avaient été tués. — Vous seriez tués; soyons tués; je serai tué; vous êtes tués; nous ne serions pas tués. — Avoir été tué; ayant été tué; qui doit être tué.

14.

L'enfant, *puer*, *i*. m. — Naître, *nasc-i*, *or*, *eris*, *natus sum*, participe fut. *nasciturus*. d.

L'enfant étant né; en naissant; devant naître; qui naissait. — Les enfants seront nés; ils naîtraient; ils naissent; ils seraient nés. — Naissez; que nous naissions; j'étais né; vous naîtrez; qu'ils naissent. — L'enfant naît; qu'il naquît; il n'était pas né; il naquit.

QUATRIÈME CONJUGAISON.

15.

La ville, *urb-s*, *is*. f. — Fortifier, *mun-ire*.

Les villes étaient fortifiées; elles seront fortifiées; elles eurent été fortifiées; qu'elles soient fortifiées. — Je serais fortifié; vous fûtes fortifié; soyons fortifiés. — La ville aurait été fortifiée; elle n'aura pas été fortifiée; qu'elle fût fortifiée. — Les villes devant être fortifiées[1]; qui ont été fortifiées; avoir été fortifié; à être fortifié.

---

1. Les participes sont des adjectifs qui viennent des verbes. Ils s'accordent en genre, en nombre et en cas avec le nom auquel ils sont joints : l'enfant écoutant, *puer audiens*; les enfants écoutant, *pueri audientes*.

16.

Le frère, *frat-er, ris.* m. — Partager, *part-iri, ior, iris, itus sum.* d.

Le frère a partagé; il partage; il partagerait; qu'il eût partagé. — Les frères avaient partagé; ils eurent partagé; qu'ils partageassent; qu'ils aient partagé. — Je partagerai; partageons; vous partagez; vous n'aviez point partagé. — Pour partager; avoir dû partager; les frères partageant; qui partageront.

EXERCICES

SUR LES QUATRE CONJUGAISONS.

17.

Le pauvre, *pauper, is.* m. — Prier, *rog-are, o, as, avi, atum.* a.

Le riche, *div-es, itis.* m. — Abonder, *abund-are, o, as, avi, atum.* n.

L'avare, *avar-us, i.* m. — S'abstenir, *abstin-ere, eo, es, ui, abstentum.* n.

L'auteur, *auctor, is.* m. — Effacer, *del-ere, eo, es, evi, etum.* a.

Les auteurs effacèrent; le pauvre priera; les avares ont été priés; le riche abondait; ils seraient effacés. Vous vous abstîntes; je me serais abstenu; nous fûmes effacés; que je fusse prié; nous aurions abondé; abstenez-vous. — L'avare s'abstenait; les riches auront été priés; les auteurs n'avaient pas effacé. A effacer; qu'il s'abstiendra; pour prier; qui doit abonder.

18.

Le voleur, *latro*, *nis.* m. — Prendre, *cap-ere*, *io*, *is*, *cepi*, *captum.* a.

Le courtisan, *aulic-us*, *i.* m. — Ramper, *rep-ere*, *o*, *is*, *si*, *tum.* n.

Le portier, *janitor*, *is.* m. — La porte, *por-ta*, *æ.* f. — Ouvrir, *aper-ire*, *io*, *is*, *ui*, *tum.* a.

Le fermier, *villic-us*, *i.* m. — Sortir, *ex-ire*, *eo*, *is*, *ivi*, *itum.* n.

Le voleur sera pris; les courtisans ont rampé; le portier avait ouvert; les fermiers sortiraient; les portes avaient été ouvertes; que les voleurs soient pris; le fermier sortit; les portiers auraient ouvert; le courtisan rampera. Nous aurions été pris; les portes ne furent pas ouvertes; je ne ramperai pas. Les voleurs prenant; les portiers devant ouvrir; les portes devant être ouvertes; les courtisans devant ramper.

19.

Le prêtre, *sacerdo-s*, *tis.* m. — Méditer, *medit-ari*, *or*, *aris*, *atus sum.* d.

Le coupable, *re-us*, *i.* m. — Avouer, *fat-eri*, *eor*, *eris*, *fassus sum.* d.

La femme, *mulier*, *is.* f. — Parler, *loqu-i*, *or*, *eris*, *locutus sum.* d.

Le marchand, *mercator*, *is.* m. — Mesurer, *met-iri*, *ior*, *iris*, *mensus sum.* d.

Les prêtres méditeront; les femmes auront parlé; le coupable avouera; ce marchand aurait mesuré; que les prêtres eussent médité. Nous avions parlé, vous aurez médité. J'ai avoué; mesurez; nous n'avouerons pas. Les coupables

avouant; le prêtre qui méditerait; les femmes
qui parleront; le marchand qui a mesuré. Avoir
parlé; à être mesuré; à méditer; pour avouer.

20.

(Mots déjà employés.)

Les femmes parleraient; les avares se sont
abstenus; les prêtres auraient médité; le courtisan n'a pas rampé; les portiers étaient sortis;
l'auteur n'effacera rien[1]. Que je parle; mesurons;
abstiens-toi; avouez; rampons; qu'ils prient;
qu'ils soient priés. Les voleurs avaient été pris;
nous eussions été priés; vous auriez avoué; nous
priâmes; j'ouvrirai; ils seront priés; qu'ils aient
parlé; nous avouerons; ils abondent.

21.

(Mots déjà employés.)

Je priais; il abondera; nous prendrons; vous
avez rampé; tu es sorti; il a ouvert. Nous par-
lâmes; vous eûtes médité; ils seront effacés; ils
furent ouverts; qu'ils fussent pris; ils ont été
priés; j'ai mesuré; ils avouent. De s'abstenir;
pour prendre; qui parlait; ayant été prié; devant
prier; qui doit être effacé; avoir mesuré; qu'il
avait dû ramper; en sortant; qui devait prendre.

---

1. *Ne..... rien* se traduit en latin par *nihil*, qu'on met
toujours avant le verbe.

22.

Fendre, *find-ere*, *o*, *is*, *fidi*, *fissum*. — Dessiner, *deline-arc*, *o*, *as*, *avi*, *atum*. — Attirer, *pellic-ere*, *io*, *is*, *pellexi*, *pellectum*. — S'appuyer, *nit-i*, *or*, *eris*, *nisus* et *nixus sum*.

Il a attiré; j'aurai dessiné; nous nous appuierons; vous avez fendu; tu aurais attiré; dessine; que tu te sois appuyé; ils avaient fendu; que j'eusse attiré; vous dessineriez; nous nous appuyâmes; attirons; que tu fendisses; ils dessinaient; devant fendre; à dessiner; elles se sont appuyées; fendez; qu'ils s'appuient; nous aurions dessiné; avoir attiré; en dessinant.

VERBES IRRÉGULIERS[1].

Verbes neutres passifs.

L'écolier, *discipul-us*, *i. m.* — Oser, *aud-ere*, *eo*, *es*, *ausus sum*. — Avoir coutume, *sol-ere*, *eo*, *es*, *solitus sum*.

23.

Les écoliers ont osé; ils oseraient; ils auraient osé; qu'ils aient osé; ils oseront. L'écolier avait osé; qu'il eût osé; il ose; il a osé. Que j'osasse; tu auras osé; que nous ayons osé. Les écoliers avaient coutume; ils avaient eu coutume; qu'ils aient coutume; ils avaient eu coutume. Avoir

---

1. On appelle *irréguliers* les verbes qui, dans quelques-uns de leurs temps ou quelques-unes de leurs personnes, se conjuguent autrement que ceux qui précèdent.

eu coutume; ayant eu coutume; en ayant coutume; qu'il aura coutume.

Verbe irrégulier de la troisième conjugaison.

24.

Le roi, *rex, regis.* m. — Offrir, *offer-re, o, s, obtuli, oblatum.*

Le roi offrirait; il aura offert; il offre; il a offert. Les rois avaient offert; ils offriront; ils auraient offert; qu'ils offrent; qu'ils offrissent. Des soldats étaient offerts; ils avaient été offerts; ils furent offerts; ils seront offerts. Qu'un soldat ait été offert; il serait offert; qu'il soit offert; il aura été offert. J'eus offert; nous aurions offert; vous avez été offerts; nous offririons. Avoir dû offrir; devant être offert, être offert.

Verbes Volo, Nolo, Malo, Queo.

25.

Que tu veuilles; ne veuille pas; qu'il aime mieux; que j'aie voulu; vous auriez voulu; vous ne voulez pas; vous aimeriez mieux; nous pouvions; ils ont pu; vous aurez pu; qu'ils aiment mieux. Nous aurons voulu; vous pourrez; ils auront aimé mieux; ils ne pourraient pas; que nous ayons pu; que nous eussions aimé mieux; que vous pussiez; que je n'aie pas voulu. Ne vouloir pas; avoir mieux aimé; voulant; pouvoir.

Composés de Sum.

26.

Le poison, *venen-um, i.* n. — Être utile, *prod-esse, pro-sum, prod-es, pro-fui.* — Être absent, *ab-esse, ab-sum, ab-es, ab-fui.* — Manquer, *de-esse, de-sum, de-es, de-fui.*

Les poisons sont utiles; ils seront utiles; ils ont été utiles; ils auraient été utiles. Le poison avait été utile; il aura été utile; il était utile; il serait utile. Tu serais absent; nous aurions été absents; que vous soyez absents; ils étaient absents; soyez absents; que nous fussions absents; je ne serai pas absent. Les soldats avaient manqué; ils eurent manqué; ils auront manqué. Le soldat manqua; il aurait manqué; qu'il ait manqué; il manque.

Verbes défectueux [1].

27.

Connaître, *novi, novisse.* — Commencer, *cœpi, cœpisse.* — Haïr, *odi, osus sum, oderam, odisse.*

Le roi a connu; il connaîtra; il connaissait; qu'il connaisse. Les rois connaissaient; qu'ils connussent; ils connaîtront. Vous commencez; nous commencerons; que tu commençasses;

1. On appelle *défectueux* les verbes auxquels il manque plusieurs personnes ou plusieurs temps.

commencez. La femme haïssait; qu'elle haïsse; les femmes haïraient; elles ont haï; elles haïront. Vous aviez haï; nous aurions haï; tu eus haï; ils haïssent.

Verbes impersonnels.

Ces verbes n'ont qu'uné seule personne, la troisième du singulier, dans tous les temps.

Il plaît, *libet.* — Il convient, *decet.* — Il est clair, *liquet.* — Il est permis, *licet.*

Je me repens, *me pœnitet;* j'ai honte, *me pudet;* je suis fâché, *me piget;* je m'ennuie, *me tœdet;* j'ai compassion, *me miseret.* Ces cinq derniers se conjuguent dans tous les temps avec les pronoms accusatifs *me*, *te*, *illum*, *illam* (ou un nom), au singulier, et *nos*, *vos*, *illos*, *illas* (ou un nom), au pluriel.

28.

Il était clair; qu'il fût clair; il plaira; qu'il ait plu; il aura été permis; il est permis; il a convenu; qu'il eût convenu; avoir convenu; il serait permis. Ils avaient compassion; j'aurai eu compassion; que vous ayez compassion. Tu avais honte; nous avons eu honte; il a honte; vous aurez honte. Nous serions fâchés; soyez fâchés; vous fûtes fâchés. Que nous nous ennuyions; je je me serais ennuyé; tu te serais ennuyé; je m'ennuie.

SYNTAXE LATINE.

SYNTAXE DES NOMS.

ACCORD DE DEUX NOMS.

Ludovicus *rex*.

Deux ou plusieurs *noms* désignant une seule et même *personne*, une seule et même *chose*, se mettent au même *cas*.

THÈME 1.

Le chien animal. La baleine poisson. La violette fleur. Le pin arbre. Le perroquet oiseau. Le marbre pierre. Les chiens animaux. Les baleines poissons. Les violettes fleurs. Les pins arbres. Les perroquets oiseaux. Les marbres pierres. De la ciguë poison. A Junon déesse. Des épées armes. Aux rois hommes.

THÈME 2.

La Normandie province. La France empire. Le Rhône fleuve. Lyon ville. Virgile poëte. Cicéron orateur. De la Normandie province. A la France empire. Au Rhône fleuve. De Lyon ville. A Virgile poëte. De Cicéron orateur. La ville d'Athènes. Le fleuve du Rhin. Le mois d'avril.

RÉGIME OU COMPLÉMENT DES NOMS.

Liber *Petri.*

Quand *de, du, des,* entre *deux noms,* ne peuvent pas
se tourner par *qui s'appelle,* on met le second au *génitif.*

THÈME 3.

Le créateur du monde. La providence de Dieu.
La couleur de la rose. L'appareil du triomphe.
Le troupeau de Mélibée. La Vénus de Praxitèle.
Les victoires des Français. Les vices des hom-
mes. Les habitants des montagnes. La fraîcheur
des vallées. Le nombre des années.

Bonitas *divina.*

Souvent au lieu du *génitif* on se sert d'un *adjectif*
qui a la même valeur.

THÈME 4.

La providence de Dieu[1]. La république de
Rome. Le peuple d'Athènes. Le jour de fête. La
couleur de safran. La pourpre des rois. L'odeur
d'ambroisie. La guirlande de roses. L'ouvrage
de cire. L'arc de triomphe.

1. *Tournez* la providence divine, et de même pour les
autres phrases de ce thème.

Puer *egregiâ indole* ou *egregiœ indolis*.

Quand le mot qui suit *de* exprime une qualité bonne ou mauvaise, on peut mettre le nom à l'*ablatif* ou au *génitif*.

THÈME 5.

La haine d'un paysan d'un mauvais caractère. Les vers d'un poëte d'une humeur mélancolique. Le courage de la femme d'une vertu éprouvée. La couleur de l'eau d'une saveur détestable. Les manières de l'écolier d'une paresse insigne. La patience du maître d'une douceur blâmable. Un homme d'une grande sagesse.

———

Tempus *legendi*.

De, entre un nom de chose *inanimée* et un *infinitif* français, se rend en latin par le gérondif en *di*.

THÈME 6.

Le pouvoir de nuire. L'envie d'apprendre. Le temps d'étudier. La nécessité de plaire. La manière d'agir. La fureur de jouer. Le droit de parler. L'audace de répondre. La cruauté de frapper. Le plaisir d'aimer. L'habitude de mentir. La folie d'avouer. L'occasion de s'enrichir.

Thèmes 8es, élèves.　　　　　　　2

Tempus *legendæ historiæ*.

Si le *verbe* gouverne l'*accusatif*, il est mieux d'employer le participe en *dus*, *da*, *dum*, que l'on met au *génitif*, en le faisant accorder avec le nom.

THÈME 7.

La crainte de perdre sa réputation. La honte de montrer son ignorance. La fureur d'acquérir des richesses. Le pouvoir d'opprimer son ennemi. La liberté de parcourir la campagne. La nécessité d'acheter un habit. L'ennui d'apprendre la grammaire. Le désir de bien employer son argent.

SYNTAXE DES ADJECTIFS.

ACCORD DE L'ADJECTIF AVEC LE NOM.

Deus *sanctus*.

L'*adjectif* s'accorde en *genre*, en *nombre* et en *cas* avec le *nom* auquel il se rapporte.

THÈME 8.

L'hiver, saison détestable. La rose, fleur charmante. La toison de la brebis, animal très-doux. Aux médecins, hommes utiles, plus utiles, très-utiles. L'écorce des chênes, arbres durs, plus durs, très-durs. La lyre et la tête d'Orphée, musicien très-habile. Les œuvres d'Homère, poëte célèbre, plus célèbre, très-célèbre.

2.

THÈME 9.

Les compositions très-faibles des écoliers très-paresseux. La punition terrible des hommes ingrats, impies et très-débauchés. Malheur à l'enfant obstiné et désobéissant! Des ornements magnifiques des rois très-puissants. Honneur éternel au prince éclairé, humain et généreux !

Pater et filius *boni;* mater et filia *bonæ.*

Quand un *adjectif* se rapporte à *deux noms*, on met cet *adjectif* au *pluriel.*

THÈME 10.

Le loup et l'agneau ennemis. Le corbeau et le sansonnet babillards. La tante et la cousine orgueilleuses. Le roi et le berger égaux. Le peintre et le musicien habiles, plus habiles, très-habiles. La femme et la chatte perfides. Le général et le soldat courageux, plus courageux, très-courageux. Le chien et le cheval très-amis.

Pater et mater *boni.* — Virtus et vitium *contraria.*

Quand un *adjectif* se rapporte à *deux noms* de *différents genres*, *l'adjectif* prend *le plus noble* des deux genres. — Quand *les deux noms* sont des noms de choses *inanimées*, l'adjectif qui s'y rapporte se met au *pluriel neutre.* (Il n'y a d'animé que les hommes et les bêtes.)

THÈME 11.

Le roi et la reine très-chéris. La fille et le père très-irrités. La lionne et le léopard auraient été redoutés. Un coq et une poule avaient été apportés. Le vin et l'eau contraires. Mon épée et ton sabre ont été brisés. L'œillet et la tulipe très-agréables ont été conservés. Le merle et le perroquet auraient été achetés. Le frère et la sœur très-méchants. L'honneur et la gloire exposés à la vue.

Turpe est mentiri.

L'adjectif qui ne se rapporte à aucun nom précédent se met au *neutre.*

THÈME 12.

Il est agréable de se promener. Il est doux d'être aimé. Il est toujours beau d'étudier. Il serait très-dur d'être puni. Il n'est pas rare de tromper. Il aurait été juste de récompenser. Il est facile de parler, mais il est très-difficile de bien parler. Il est bien[1] honteux de se mettre en colère. Il sera bon de ne pas dormir. Il est triste de n'avoir pas été loué.

Deus est *sanctus*. — Credo Deum esse *sanctum*.

L'adjectif qui suit immédiatement le verbe *sum* se met *au même cas* que le *nom* ou *pronom* qui précède le verbe, et auquel il se rapporte. On observe la même règle après tout autre verbe, quand l'*adjectif* le suit immédiatement.

THÈME 13.

Mon sort est déplorable. Les hommes sont

----

1. *Bien honteux,* c'est-à-dire *très-honteux. Bien, fort, très,* devant un adjectif, veulent cet adjectif au superlatif.

ingrats et[1] méchants. La femme de mon frère est très-douce. Les sœurs d'Antoine sont bien gaies. Les vices ont toujours été communs et les vertus fort rares. Ce pommier est superbe. Ce bœuf est très-gras, mais cette génisse est bien maigre. Vos maîtres sont satisfaits. Je crois que vous êtes paresseux[2], et même[3] très-paresseux. ...

Ego nominor *leo*. Aristides mortuus est *pauper*.

Graculus rediit *mœrens*.

THÈME 14.

Ce voyageur est revenu riche, et même très-riche. La mère et la fille dorment tranquilles. Cet homme intrépide a été surnommé le lion. Mon voisin mourra pauvre, car il n'est pas économe. Ces soldats ont été jugés courageux. Théophile passait pour savant ; mais il a été trouvé très-ignorant. Je crois que le frère n'est pas plus habile. Je me souviens que ce guerrier difforme était appelé Thersite ; il a toujours passé pour le plus lâche des Grecs.

1. Il ne faut pas toujours se servir de la conjonction latine *et*. Employez alternativement *ac*, *atque*, ou bien *que*, qui se joint toujours à un mot : *la mère et la fille*, mater *ac* filia, *ou* mater filiaque.
2. En latin, on dit : *je crois vous être paresseux*.
3. Et même, *atque etiam* ou *etiamque*.

RÉGIME OU COMPLÉMENT DES ADJECTIFS.

Avidus *laudum*.

Les adjectifs *avidus*, avide; *cupidus*, qui désire; *studiosus*, qui a du goût pour; *peritus*, habile dans; *expers*, qui manque; *patiens*, qui souffre; *rudis*, qui ne sait pas; *memor*, qui se souvient; *immemor*, qui ne se souvient pas; *plenus*, plein, etc., gouvernent le *génitif*[1].

THÈME 15.

Les ambitieux seront toujours avides d'honneurs. L'homme sage qui désire le repos a du goût pour la solitude. L'écolier qui manque de courage n'est pas fort avide d'instruction. L'enfant qui ne se souvient ni de Dieu ni de ses parents est un véritable monstre. Les grands hommes de la Grèce étaient très-habiles dans la danse et dans la musique. Cette classe paraît pleine de mouches et de petits paresseux.

---

1. On appelle *régime* ou *complément* d'un adjectif le nom ou pronom français amené par *à* ou *de* à la suite de cet adjectif. Nous indiquerons dans le dictionnaire les cas que gouvernent les adjectifs.

Cupidus *videndi.*

Quand les adjectifs *avide*, *curieux*, *etc.*, sont suivis d'un *infinitif* français, on met en latin cet *infinitif* au gérondif en *di*.

THÈME 16.

Les jeunes gens qui ont du goût pour la langue latine seront toujours avides de lire les bons auteurs de l'antiquité. Mon frère était curieux de connaître les poëmes de Virgile. Tu devrais être plus avide de travailler, toi qui ne sais pas même les premiers éléments de la grammaire. O enfant plein d'orgueil, tu ne seras donc jamais curieux d'apprendre les règles de la syntaxe! Orbilius de Bénévent, précepteur d'Horace, poëte très-célèbre, fut appelé le fouetteur, parce qu'il était avide de battre ses écoliers.

Similis *patris* ou *patri.*

Similis, semblable; *par*, *æqualis*, égal; *affinis*, allié, gouvernent le *génitif* ou le *datif.*

THÈME 17.

Ma sœur n'est pas semblable à ma cousine. Ce jeune homme est allié au premier magistrat de la ville. Le soldat voudrait être égal à son général. Coriolan était très-semblable à sa mère. Les nobles indigents souffrent volontiers d'être alliés aux roturiers très-riches. César encore enfant désirait déjà être semblable à Alexandre le Grand. Ma part de l'héritage ne paraît pas égale à la part de mon frère.

Mihi utile est. — Natus *ad arma.*

Utilis, utile à ; *commodus*, avantageux à ; *infensus*, *iratus*, irrité contre ; *assuetus*, accoutumé à ; *aptus*, *idoneus*, propre à, etc., gouvernent le *datif*. Néanmoins avec *aptus*, *idoneus* et *natus*, on peut mettre *l'accusatif* avec *ad*.

Remarque. Quand ces *adjectifs* sont suivis d'un *infinitif* français, on met en latin cet *infinitif* au gérondif en *do*; et si cet *infinitif* a un *régime*, on se sert du participe en *dus*, *da*, *dum*, que l'on fait accorder avec ce *régime*.

THÈME 18.

L'étude est avantageuse aux enfants; mais la plupart, accoutumés au jeu, paraissent toujours irrités contre les livres. Il est glorieux pour les jeunes gens, curieux d'acquérir de la science, de ne pas être semblables aux paresseux peu propres au travail. Les Romains, accoutumés à supporter la fatigue, furent toujours très-propres à la guerre. Alexandre, né pour les armes, paraissait plus propre à vaincre qu'à gouverner. Il ne lui fut pas utile d'être adonné au vin et à la débauche.

THÈME 19.

Enfants, vous paraissez propres à supporter le travail, et vous êtes toujours pleins de colère quand vos maîtres, gens qui quelquefois souffrent trop facilement vos injures, sont curieux de vous être utiles. Soyez moins avides de dissipation et plus désireux d'instruction. Un enfant accoutumé à respecter ses maîtres devient habile dans les sciences et propre à tous les emplois.

Propensus *ad lenitatem.*

Propensus, pronus, proclivis, porté à...., et tous les adjectifs qui marquent un penchant ou une inclination à quelque chose, gouvernent *l'accusatif* avec *ad*. — Suivis d'un *infinitif* français, ils veulent le gérondif en *dum*.

THÈME 20.

Socrate était porté à la douceur, il ne parut jamais disposé à venger les injures. La femme de ce grand homme, appelée Xantippe, n'était pas très-semblable à son mari. Toujours prompte à se mettre en colère, elle semblait née pour exercer la patience de ce philosophe admirable. Il mourut innocent, et nullement irrité contre ses ennemis, gens barbares, portés à la vengeance, et accoutumés depuis longtemps à opprimer la vertu.

Præditus *virtute.*

Les adjectifs *præditus*, doué de ; *dignus*, digne de ; *indignus*, indigne de ; *contentus*, content de, etc., gouvernent *l'ablatif.*

THÈME 21.

Il est rare de trouver des hommes contents de leur sort. Le soldat enclin au pillage n'est pas digne de pardon. Ces écoliers étaient doués d'une mémoire extraordinaire : ils ont paru à leurs maîtres dignes de récompense. Mon valet, homme doué d'une rare intelligence, est content de ses gages. Il ne m'a jamais paru enclin à voler : je crois qu'il est digne de toute ma confiance.

Res *visu* mirabilis *ou* mirabile *visu*.

Après les adjectifs *admirable à*, *facile à*, *difficile à*, *etc.*, l'*infinitif* français se rend en latin par le *supin* en *u*. — Quand on n'exprime pas le mot *chose*, l'*adjectif* se met au *neutre*.

THÈME 22.

Le temps de la moisson, chose agréable à voir, est toujours cher aux laboureurs. Le blé est facile à semer, mais il est difficile à récolter. Les pluies, la grêle et les vents sont très-funestes aux moissons, et la famine, chose horrible à dire, est presque toujours la compagne de ces grandes calamités. La syntaxe n'est pas difficile à comprendre ; cependant la plupart des écoliers ne veulent pas apprendre les règles du rudiment.

RÉCAPITULATION.

THÈME 23.

Le mois de mai.

Les chiffres indiquent les thèmes auxquels on renvoie.

      2   1   8
Le mois de mai, temps désirable, est le plus
13   3   3
beau mois de l'année. Les oiseaux du bocage sont
    13   21   8
alors doués d'une gaieté extraordinaire. Il est

12   8
agréable d'entendre[1] les concerts harmonieux
3   8   8   12
de ces petits musiciens emplumés et de respirer
8   3   8
la douce odeur des fleurs nouvellement écloses.
                            11   13   16
Le maître et l'écolier fatigués sont curieux de
                            3
contempler alors les beautés de la campagne ; et,
            22
chose facile à concevoir, ils reviennent toujours
14   21   21   15
contents de leur promenade, et se souvenant de
15   1   3   8   3
Dieu, créateur de toutes choses.

THÈME 24.

Le chien.

1   8   13   21
Le chien, animal très-utile, est doué d'une
                    8   3
intelligence peu commune, et la fidélité de cette
8   3   13
excellente bête est admirable. Un voyageur[2],
15   8   15   8
qui ne se souvenait pas de son argent laissé près[3]
                    14
d'un arbre, revenait joyeux vers[4] sa femme ;

1. Tout verbe actif gouverne l'accusatif.
2. Un voyageur, *quidam viator.*
3. Près, *prope,* avec l'accusatif.
4. Vers, *ad,* avec l'accusatif.

le chien de cet homme ne fut pas empressé de le
suivre; il aima mieux être le gardien du trésor
de son maître. L'absence de son chien parut d'a-
bord répréhensible au voyageur, homme prompt
à se mettre en colère. Il retourna, avide de
le châtier; mais ce fidèle animal, couché près
du sac plein d'or, était digne de récompense,
et le voyageur, chose facile à croire, ne fut
plus[1] irrité contre son compagnon.

SYNTAXE DES COMPARATIFS.

Doctior *Petro*.—Paulus est doctior *quàm Petrus*.

Après le *comparatif* exprimé par un *seul mot* latin, on
met le nom à l'*ablatif* en supprimant le *que*. — On peut,
après le *comparatif*, exprimer *que* par *quàm* et mettre
après *même cas* que devant.

THÈME 25.

Horace était plus gai que Virgile. Le cheval
est plus vif que le bœuf. Les Romains étaient
plus courageux que les Carthaginois; mais les

1. Plus, plus longtemps, *ampliùs*.

Carthaginois étaient plus rusés que les Romains. Cet enfant paraît plus habile que votre frère. Je ne connais personne plus lâche et plus insolent qu'Antoine. Je crois que cet homme est plus sage que Caton. Le blé et le raisin sont très-précieux; mais le blé est encore plus utile que le raisin.

Felicior quàm *prudentior*. — *Feliciùs* quàm *prudentiùs*.

Quand, après un *comparatif*, le *que* est suivi d'un *adjectif* ou d'un *adverbe*, cet *adjectif* ou cet *adverbe* se met encore au *comparatif* et au *même cas* que le premier.

THÈME 26.

Les vers de ce poëte paraissent plus jolis que corrects. Vous avez loué un écolier plus effronté que savant. Les princes de l'Asie sont souvent plus cruels que justes. Je pense que votre ouvrage est plus long que difficile. Vous agissez toujours plus étourdiment que prudemment. Cette femme, plus bavarde que retenue, a sans doute répondu plus hardiment que sagement.

Magis pius quàm tu. — *Majori virtute* præditus.

Quand l'*adjectif* latin n'a pas de *comparatif*, on exprime *plus* par *magis*, et alors le *que* s'exprime toujours par *quàm* avec *même cas* après que devant. — Si l'*adjectif* français se rend en latin par deux mots (un adjectif et un nom), *plus* s'exprime par *major*, *majus*; *moins* par *minor*, *minus*, que l'on fait accorder avec le nom. — Presque tous les adjectifs qui ont une voyelle devant *us* sont privés de *comparatif* et de *superlatif.*

THÈME 27.

Les paysans sont plus propres à supporter les fatigues de la guerre que les habitants des villes. Le chant du rossignol est plus harmonieux que le chant du merle. Socrate, condamné pour cause d'impiété, était plus pieux et plus vertueux que ses juges. Les livres sont plus nécessaires aux enfants que les joujoux. L'araignée et le ver à soie sont plus industrieux que les autres insectes. Ces écoliers sont plus punissables aujourd'hui qu'hier.

———

Doctior est *quàm putas.*

Si le *que* après le *comparatif* est suivi d'un *verbe*, on exprime toujours *que*, et l'on met en latin le même temps que dans le français.

THÈME 28.

Annibal vaincu se montra encore plus acharné contre les Romains qu'il ne l'était auparavant. Épicure était peut-être plus sage et moins répréhensible qu'il ne paraissait. Les règles de la syntaxe sont plus importantes que vous ne pensez. Cet habit est encore plus beau qu'il n'était : le tailleur a fait mieux qu'il n'avait promis. Rien n'est plus désagréable que d'être trompé. Il est souvent plus prudent de se taire que de parler. Il vaut mieux mourir que d'être esclave.

SYNTAXE DES SUPERLATIFS.

Altissima *arborum*, ou *ex arboribus*, ou *inter*
arbores, etc.

Le *superlatif* veut le *nom pluriel* qui le suit au *géni-*
tif ou à l'*ablatif* avec *ex*, ou à l'*accusatif* avec *inter ;*
mais si le *régime* du *superlatif* était un *nom singulier,*
le *superlatif* ne s'accorderait pas avec ce *nom*, et alors il
ne gouvernerait que le *génitif. Ditissimus urbis*, sous-
entendu *homo*, c.-à-d. l'homme le plus riche de la ville.

THÈME 29.

Diogène surnommé le cynique, était assurément
le plus orgueilleux des Athéniens. Le chat, le plus
ingrat des animaux, passait pour une divinité
chez les Égyptiens, les plus insensés des hommes.
Il fut très-facile à Cambyse, le plus rusé des con-
quérants, de vaincre ce peuple superstitieux. Le
plus pauvre de cette contrée est le meilleur des
citoyens; mais le plus riche du village est aussi
le plus insensible de tous.

Validior manuum. — *Maximè omnium*
conspicuus, etc.

Quand on ne parle que de *deux choses*, au lieu du *su-*
perlatif qui est dans le français, on met le *comparatif* en
latin. — Si l'*adjectif* latin n'a pas de *superlatif*, on se
sert de *maximè*, avec le *positif*. — Les noms que l'on
appelle *partitifs*, comme *unus*, *quis*, *aliquis*, *nemo*,
gouvernent le même *cas* que le *superlatif*.

THÈME 30.

Le plus coupable de ces deux soldats sera condamné. Qui de vous a frappé le plus faible des

deux enfants du voisin? Les ennemis ont enlevé les plus remarquables de nos statues. Aucun des Grecs n'était plus astucieux que Sinon. Virgile, le plus ingénieux des poëtes, a chanté Énée, le plus pieux des héros. Quelqu'un des spectateurs a sifflé le plus vain des deux acteurs de cette comédie.

SYNTAXE DES VERBES.

ACCORD DU VERBE AVEC SON NOMINATIF OU SUJET.

Ego audio. — *Petrus et Paulus* ludunt.

Tout *verbe*, quand il n'est pas à *l'infinitif*, s'accorde avec son *nominatif* ou *sujet* en nombre et en personne. — On sous-entend ordinairement le *pronom sujet* ou *nominatif*. Cependant il faut l'exprimer quand il y a *deux verbes* dont le sens est opposé, ou quand la phrase contient quelque chose de vif. — Si le verbe a *deux sujets* ou *nominatifs* singuliers, on met ce verbe au *pluriel*, parce que *deux singuliers* valent un *pluriel*.

THÈME 31.

J'attends. Vous couriez. Tu parlas. Nous avions joué. Ils orneront. Il aura changé. Revenez. Qu'ils recueillent. Je menacerais. Que vous louassiez. Qu'il ait frappé. Nous aurions trompé. Il se promène, et moi je suis enfermé. Le chien et l'âne voyageaient ensemble. Je serai loué, et vous, vous serez châtié. Le général et le soldat ont combattu très-courageusement. Pouvez-vous rire de la sorte ! Votre mère est malade, et vous badinez ! La mère et la fille ont dansé fort élégamment. Le poëte et le musicien s'applaudissent.

———

Ego et tu valemus. — *Turba* ruit *ou* ruunt.

Si les *nominatifs* ou *sujets* d'un même verbe sont de *différentes personnes*, le *verbe* prend la *plus noble* des *deux personnes*. En français, la première personne se nomme après les autres : c'est le contraire en latin. — Si le *nominatif* ou *sujet* est un nom collectif, ce *verbe* peut quelquefois se mettre au *pluriel*.

THÈME 32.

Votre père et moi nous causions tranquillement, lorsque tout à coup des voleurs se précipitèrent sur nous. Je suis naturellement porté à la douceur ; cependant je devins furieux à la vue de ces scélérats avides de butin. Votre père tire son épée, je tire aussi la mienne, et tous deux nous mettons en fuite quatre brigands, les plus méchants des hommes. La foule accourt et arrête les fuyards. Elle les[1] aurait mis en pièces ; mais votre mère et vous, vous avez réprimé les plus ardents, et ces coquins attendent aujourd'hui la peine due à leur audace.

———

1. *Le*, *la*, *les*, devant un verbe, se tournent par *lui*, *elle*, *eux*, *elles*, et se rendent par *is*, *ea*, *id*, que l'on met au cas du verbe. *Les aurait mis en pièces*, tournez, *aurait mis eux en pièces*.

RÉGIME DES VERBES.

VERBES QUI GOUVERNENT L'ACCUSATIF.

Amo *Deum.* — Imitor *patrem.*

Tout verbe *actif* gouverne l'*accusatif.* — Plusieurs verbes *déponents* ont la force des verbes *actifs*, et suivent la même règle.

THÈME 33.

L'enfant sage et bien élevé adore Dieu, créateur de toutes choses. Il aime et respecte ses parents, écoute ses maîtres, ne refuse pas le travail et pratique soigneusement la vertu. Il suit toujours les bons exemples, déteste le vice et méprise les railleries piquantes des méchants. Chacun admire cet enfant; il s'attire les éloges des gens de bien, et Dieu ne l'abandonnera jamais.

Musica me juvat *ou* delectat.

Les verbes *juvat, delectat*, il fait plaisir; *manet*, il est réservé; *decet*, il convient; et *fugit, fallit, præterit*, on ignore, veulent au nominatif le nom de la chose qui fait plaisir, qui convient, etc., et le nom de la personne à l'accusatif.

THÈME 34.

L'étude ne fait pas plaisir au paresseux. Il ne sait jamais ses leçons, et presque toujours la dernière place de la classe lui est réservée.

Il ignore les choses les plus simples, même les
éléments de la grammaire. Certainement l'orgueil
ne convient guère à un tel enfant. Au contraire,
une honte éternelle l'attend, et tous ont du plaisir
à se moquer de lui. Vous savez cela, jeunes gens;
fuyez donc la paresse, et que la science seule ait
enfin des charmes pour vous [1].

VERBES QUI GOUVERNENT LE DATIF.

Studeo *grammaticæ*. — *Defuit officio*.

La plupart des *verbes neutres* gouvernent le *datif*. —
Les composés du verbe *sum* gouvernent le même cas, excepté *absum*, qui veut l'ablatif avec *a* ou *ab*.

THÈME 35.

Une mère à qui les progrès de son fils feraient
plaisir lui parlait hier en ces termes: « Mon cher
enfant, il faut bien étudier tes leçons et contenter
tous tes maîtres. Si tu ne manques pas à ton devoir, quelque chose d'agréable t'est réservé. Ton
père a toujours favorisé les écoliers diligents:
tu n'ignores pas cela. Il ne s'absentera pas de la
maison, et ce soir vous assisterez ensemble au
spectacle. Tu aimes les biscuits : souviens-toi seulement de mes conseils, je favoriserai ton envie,
et les friandises ne te manqueront pas. »

1. Tournez, *et que la science seule vous fasse plaisir*.

Magna calamitas *tibi imminet.* —Id *mihi accidit.*

Les trois verbes *imminere, impendere, instare,* gouvernent le *datif* [1]. — Les verbes *accidit, evenit, contingit,* il arrive; *conducit, expedit,* il est avantageux; *placet,* il plaît, etc., veulent le nom de la personne au *datif.*

THÈME 36.

Il serait avantageux à mon fermier d'assister quelquefois aux travaux de ses serviteurs; il lui arriverait plus rarement d'être trompé [2], et la perte de ses biens ne le menacerait pas. Rien n'est plus nécessaire que l'œil du maître. En effet, chacun étudie son caractère et s'efforce de le contenter. Mais qu'il s'absente perpétuellement de sa maison, chacun se fera un plaisir de manquer à son devoir; car le travail plaît rarement à ceux à qui il est imposé, et les plus grands malheurs menaceront toujours l'homme négligent qui favorise la paresse de ses serviteurs.

1. Quand le verbe *menacer* a pour nominatif un nom de chose animée, on l'exprime par *minari* et non par *imminere.*

2. *D'être trompé,* tournez, *qu'il fût trompé,* ut deciperetur.

Homo irascitur *mihi*. — Est *mihi* liber. — Hoc erit *tibi dolori*. — *Crimini* dedit *mihi* meam fidem.

Les verbes déponents *irasci*, se mettre en colère; *blandiri*, flatter; *opitulari*, secourir; *minari*, menacer, etc., gouvernent le *datif*. — Quand on se sert du verbe *sum* pour signifier *avoir*, on met le nom de la personne au *datif*. — Si le verbe *sum* est employé pour signifier *causer, apporter, procurer*, il gouvernera deux *datifs* [1].

THÈME 37.

Le jardinier et l'arbre à fruits.

Un jardinier avait un arbre à fruits mutin et raisonneur. Dès que notre homme lui donnait du secours contre le froid ou contre le chaud, il se mettait en colère contre ce cultivateur diligent et lui faisait un crime de ses bienfaits. « Vous me causez toujours de la chaleur, disait-il, et jamais vous ne me procurez d'agrément. Je n'ai pas soif, et vous m'inondez; je n'ai pas froid, et vous m'emprisonnez. Allez, méchant, je ne porterai jamais de fruits. » Le jardinier aurait pu blâmer ce petit rebelle de son opiniâtreté, et même se fâcher contre lui; mais il aima mieux mépriser ses discours insensés [2], et l'arbre indocile porta bientôt malgré lui des fruits abondants.

1. Les verbes *do*, *verto*, *tribuo*, suivent la même règle.
2. *Tournez*, les discours insensés de lui, *ejus*.

VERBES QUI GOUVERNENT L'ABLATIF, LE GÉNITIF OU L'ACCUSATIF.

Abundat *divitiis*. — Fruor *otio*. — Miserere *pauperum*, *etc.*

Les verbes neutres qui signifient *abondance* ou *disette* gouvernent ordinairement l'*ablatif*, ainsi que le verbe neutre passif *gaudere*, se réjouir. — Les verbes déponents *fruor*, *fungor*, *potior*, *vescor*, *utor*, *glorior*, *lætor*, gouvernent l'ablatif. — *Misereri* gouverne le génitif. — *Oblivisci*, *recordari*, *meminisse*, *reminisci*, gouvernent le génitif ou l'accusatif.

THÈME 38.

Les hommes se nourrissent de pain, et les animaux se nourrissent d'herbes. Les enfants qui [1] craignent le Seigneur ne manqueront de rien. Les riches regorgent de biens, se nourrissent de mets délicats, se servent d'habits précieux et jouissent de tous les avantages de la vie. La plupart se souviennent peu des pauvres, qui manquent de toutes choses, vivent de pain noir et ne se servent que [2] de haillons. Cependant le pauvre, qui ne jouit de rien, et le riche, qui se glorifie de ses richesses, sont l'un et l'autre égaux devant Dieu. Hommes riches, ayez pitié des pauvres; n'oubliez pas les peines éternelles qui sont réservées aux cœurs durs.

1. *Qui*, *quæ*, *quod*, pronom relatif, suit la règle des adjectifs, et s'accorde en genre et en nombre avec le nom qui précède.

2. Ne... que *se tourne par* seulement, *tantummodo*.

RÉCAPITULATION.

THÈME 39.

A un enfant.

8   3ı 25 8   25   3ı
Votre cousin est plus sage que vous. Il étudie
         8   35   3ı
sans cesse ses leçons et n'a jamais manqué à ses
    35   8   3ı   37   ı3
devoirs. Aussi son père et moi, nous lui donne-
              33   2ı   3ı   8   3ı
rons les récompenses dont il est digne ; car il est
    3o   8   3o   8   3
le plus remarquable des élèves de sa classe. Imi-
    33   8   33   8
tez-le, aimez vos maîtres, ou de grands malheurs
    36   3ı   36   3ı
vous menaceront. Que vous arrivera-t-il en
              3ı   37
effet? Je me fâcherai contre vous, si la paresse
    34   3ı   25   25
vous charme encore plus que le travail.

THÈME 40.

Suite.

    34   ı3   33   37
Je n'ignore pas que les conseils que je vous ai
    3ı   ı3   8   3ı
donnés ont été inutiles. Vous êtes toujours en-
8 2o   3ı   3ı   38
clin à la paresse, et vous vous réjouissez de la

33 37 3i 8
peine que vous me faites. Cette conduite blâ-
8 37 3i 37
mable vous causera du repentir. La paresse et la
3i 8 29 8
désobéissance sont, mon ami, les plus grands dé-
3 3i 34 3
fauts d'un enfant. Écoutez les avis de ceux qui
3i 27 8 25 3
sont plus âgés que vous. La jeunesse est le temps
6 3i 8
de travailler, et l'étude est toujours avantageuse
18 3i 8 33 3i
aux enfants. Suivez donc mes conseils et vous se-
8 2i 8
rez content de ce changement.

THÈME 41.

Les chasseurs.

3 6
Après le temps de la moisson, le temps de
3i 32 3i
chasser arrivera; votre père et vous, qui fûtes
3i 8
toujours très-avides de cet exercice plus cruel
26 3i 33
qu'agréable, vous prendrez tous deux un fusil
3i 33 i
et vous parcourrez la campagne. Le lièvre, ani-
8 15
mal plein de crainte, et la perdrix, la plus
8 29 3i i3
tendre des mères, seront les ennemis les plus

8   21   8   18 31   12
dignes de votre courroux. Il vous sera agréable

12   8   33   31
de tuer ces faibles créatures, et vous vous réjouirez

38   8
de leur destruction[1], comme du plus bel

38   8   31
exploit. Guerriers illustres, vous n'oublierez pas

38   3
alors l'hymne de la victoire; et lorsque vous

14   8   21
reviendrez chargés d'un si[2] noble butin, un

4   34 31   34
char de triomphe vous sera sans doute réservé.

THÈME 42.

Suite.

29
O les plus barbares des mortels, puisque le

34   33
carnage vous réjouit, prenez du moins les armes

8 27 20 33
contre des animaux plus propres à exercer votre

20 18 31   12   12
courage. Il vous serait plus glorieux de pour-

33   8   38
suivre les loups qui se nourrissent de la chair

3   33   8
des moutons, les renards qui ravagent[3] nos

19   8   33
basses-cours, et surtout ces furieux sangliers

---

1. *De leur destruction*, tournez, *de la destruction d'elles.*

2. *Si*, devant un adject. ou un adverbe, se rend par *tam.*

3. *Qui ravagent*, *tournez*, ravageant.

Thèmes 8es, élèves.   3

qui se servent si avantageusement de leurs défenses contre les attaques des chiens et des chas-
seurs Vous vous glorifieriez alors avec raison
de votre force et de votre adresse ; et, chose
facile à croire, la foule, curieuse de voir les vain-
queurs, se précipiterait au-devant d'eux.

Do vestem *pauperi*. — Minari mortem *alicui*.

Les verbes qui signifient *donner*, *dire*, *promettre*, etc.,
veulent au *datif* leur régime indirect marqué par *à*. —
Les verbes déponents *minari*, menacer ; *gratulari*, féliciter, veulent le nom de la chose à l'*accusatif* et le nom
de la personne au *datif*.

THÈME 43.

Molière.

Molière avait donné par mégarde une pièce
d'or à un pauvre. Notre homme se félicita d'a-
bord de sa bonne fortune ; après qu'il eut rendu
grâces à Dieu, il se promit un habit à lui-même,
des hardes à sa femme et des vivres à toute sa famille. Mais bientôt il devint tout soucieux. « Les
riches, dit-il, ne prodiguent pas ainsi leur argent
au premier venu. Celui-ci n'a peut-être pas voulu
me donner une somme aussi considérable. » Aussitôt il rappelle son bienfaiteur et lui rend la pièce

3.

d'or. Le poëte étonné félicita le pauvre d'une si belle action, et il ajouta sur-le-champ une seconde pièce à la première.

———

Hæc via ducit *ad virtutem.* — Doceo pueros *grammaticam.* — Scribo *ad te* ou *tibi* epistolam.

Quand le verbe signifie quelque mouvement, comme *conduire à....,* ou une inclination vers quelque chose, comme *exhorter à, exciter à, etc.,* le régime indirect se met à l'accusatif avec *ad.* — Les verbes *docere, rogare, celare,* veulent *deux accusatifs,* le nom de la personne et celui de la chose. — Les verbes *scribo, mitto, fero,* veulent leur régime indirect à l'*accusatif* avec *ad,* ou au *datif.*

THÈME 44.

Le meunier et l'âne.

Un meunier avait un neveu très-actif et un âne très-paresseux. Un jour ce dernier portait de l'orge au moulin[1]. Le maître, plus gai que de coutume, ne se servait pas du bâton. Seulement il exhortait ce vaurien à marcher plus vite, et, plein de bonhomie, il lui parlait en ces termes : « Écoute, Martin ; l'exemple de mon neveu devrait t'apprendre ton devoir. Je ne l'engage jamais deux fois à bien faire. Tous les jours il conduit seul mes farines à la ville, et le soir il m'apporte exactement mon argent. La fatigue ne l'excite pas à murmurer ; et toi, tu ne parais jamais content de ton sort. »

1. Lorsque l'idée de mouvement prévaut, il faut l'*accusatif* avec *ad.* On ne pourrait pas dire ici, *ferebat moletrinæ.*

THÈME 45.

Suite.

« Cela est facile à dire, répondit le baudet ;
mais je vous prie d'une chose : ne vous fâchez
point[1] contre moi, et je ne vous cèlerai pas la
vérité. Toutes les fois que le père du jeune homme
écrit une lettre à son fils, il le félicite de son travail et vous engage à le récompenser. Souvent
aussi il lui envoie de l'argent, et vous-même
vous le caressez sans cesse. Mais moi, après une
longue fatigue, qui me félicite de ma diligence ?
Qui m'apporte seulement un léger surcroît de
chardons ? Ce n'est pas vous certainement[2],
vieillard ingrat et cruel. Vous m'exhorteriez
donc en vain plus longtemps. Où il n'y a rien de
bon à espérer, les belles paroles deviennent
inutiles. »

———

Accepi litteras *a patre meo.* — Id audivi *ex
amico* ou *ab amico.*

Les verbes *demander, recevoir, emprunter, acheter,
espérer, attendre, obtenir, etc.*, veulent leur régime indirect à *l'ablatif* avec *a* ou *ab.* — Si le régime indirect du
verbe *recevoir* est une chose inanimée, on le met l'ablatif avec *e* ou *ex.* On fait de même après les verbes *allumer à, prendre à, juger à, puiser à, etc.* — Les verbes
audire, apprendre ; *quærere*, s'informer, veulent leur
régime indirect à *l'ablatif* avec *a* ou *ab, e* ou *ex* ; mais
après *cognoscere*, apprendre, c'est toujours *e* ou *ex*.

1. Quand on défend, on met *ne* avec le subjonctif : Ne
vous fâchez pas, *ne irascaris.*
2. *Tournez*, non vous assurément, *non tu profectò.*

THÈME 46.

Vénus.

Vénus, mère d'Énée, demanda un bouclier à Vulcain. Elle obtint facilement du fils de Jupiter cette légère faveur. Elle aurait même pu recevoir encore davantage d'un époux plus laid que méchant. Vous connaîtrez un jour par les vers de Virgile toute la complaisance du dieu des forgerons dès qu'il eut appris de cette mère désolée le sujet de ses craintes[1]. Je juge à vos yeux de votre curiosité ; mais il n'est pas encore temps de la satisfaire[2].

THÈME 47.

Le voleur.

Un voleur alluma sa lampe à l'autel de Jupiter. Le dieu ne reçut pas une grande joie de la présence d'un tel hôte, et bientôt il connut, par les actions de cet impie, toute l'énormité de sa scélératesse. D'abord le voleur puisa du vin à une amphore sacrée ; ensuite il emprunta à la divinité elle-même un superbe manteau, lorsqu'il connut, par le tremblement subit de tout l'édifice, l'indignation du fils de Saturne. Ce dieu lança la foudre, et le coupable reçut de lui la punition de son crime.

1. *Tournez*, des craintes d'elle, *ejus timorum.*
2. *Tournez*, de satisfaire elle.

Christus redemit hominem *a morte*.—Implere dolium *vino*.—Admonui eum *periculi* ou *de periculo*.

Les verbes *délivrer*, *racheter*, *éloigner*, *arracher*, *ôter*, *séparer*, *détourner*, etc., veulent leur régime indirect à *l'ablatif* avec *a* ou *ab*, *e* ou *ex*, et quelquefois sans *préposition*. — Les verbes d'*abondance*, de *disette* et de *privation* veulent leur régime indirect à *l'ablatif* sans *préposition*.—Les verbes *avertir*, *informer*, veulent leur régime indirect, marqué par *de*, au *génitif*, ou à *l'ablatif* avec *de* [1].

THÈME 48.

Le jugement dernier.

Les hommes connaîtront par des signes certains l'approche de la fin du monde. Dieu lui-même nous a avertis de cette chose. Puisqu'il nous a informés de son dessein, il ne veut pas nous priver des trésors de sa miséricorde. Au contraire, il a rempli les justes d'espérance, en leur promettant une vie éternelle. Éloignez-vous donc de la voie de perdition, et il vous comblera de ses grâces. Au dernier jour, le Christ viendra plein de gloire et de majesté; et, après qu'il aura séparé les bons des méchants, il parlera en ces termes :

1. Avec *moneo* l'on met bien les *accusatifs neutres*, *hoc*, *id*, *illud*, *unum*. Je les avertis de cela, *hoc eos moneo*; d'une chose, *unum*, sous-entendu *negotium*.

THÈME 49.

Suite.

« Venez avec moi, vous tous les bénis de mon Père[1]. Délivrés pour toujours de la servitude du péché, jouissez dès à présent d'un bonheur inaltérable. » Puis, apostrophant les réprouvés : « Insensés, dira-t-il, je vous avais rachetés de la mort, et rien n'a pu vous détourner du chemin des enfers : je vous ai souvent avertis du danger, je vous ai même comblés de bienfaits ; mais vous n'avez pas voulu vous séparer du prince des démons. Allez, maudits ; éloignez-vous de ma présence, et que les feux pénétrants vous dévorent à jamais. »

———

Insimulare aliquem *furti* ou *furto*.—*Damnare aliquem ad triremes.* — *Arguitur prodidisse* rempublicam.—*Jussus est* ab urbe *discedere.*

Les verbes *accuser, condamner, absoudre, convaincre,* veulent leur régime indirect au *génitif* ou à l'*ablatif*, mais mieux au *génitif*. — Avec le verbe *condamner*, le nom de la peine *particulière* et *déterminée* se met à l'*accusatif* avec *ad*. — Les verbes *accuser, condamner,* suivis d'un *infinitif*, s'expriment : *accuser* par *arguere*, et *condamner* par *jubere*, avec l'*infinitif* latin.

THÈME 50.

Aristide fut condamné à un exil de dix ans par le jugement[2] des coquilles, qui était appelé os-

———

1. *Tournez*, vous tous bénis par mon Père, *a Patre meo benedicti.*

2. Par le jugement : mettez l'ablatif sans préposition.

tracisme. Même il reçut ordre de sortir sur-le-champ de la ville. De quel délit était-il donc accusé, puisque les citoyens ne voulurent pas absoudre ce grand homme de l'accusation intentée contre lui? Je ne vous cèlerai point la vérité, messieurs : Aristide n'était pas accusé d'avoir trahi la république; mais il fut seulement convaincu de justice et de probité, crime impardonnable chez les Athéniens, les plus ingrats et les plus soupçonneux de tous les hommes.

Deus *amat* virum bonum, *illi*que favet.

Quand *deux verbes* n'ont qu'un régime en français, et que les *verbes latins* gouvernent différents cas, on met le nom *au cas* du premier verbe, et l'on se sert d'un des pronoms *is, ille, ipse*, pour le mettre *au cas* du second.

THÈME 51.

Les mères trop indulgentes louent et flattent leurs enfants; mais les instituteurs, plus raisonnables, ne supportent ni ne favorisent les défauts de leurs élèves. L'enfant confié au célèbre Rousseau ne lisait et n'étudiait pas ses leçons. Il tourmentait et menaçait son maître nuit et jour; mais le philosophe ne ménagea pas et dompta ce petit indocile. Qui ne plaindrait pas le sort des malheureux condamnés au supplice affreux d'instruire et de surveiller les enfants qui ne veulent ni respecter ni contenter leurs maîtres?

RÉCAPITULATION.

THÈME 52.

Le hanneton.

           31   34   34
Le hanneton, qui fait tant de plaisir aux en-
    3   33 3   33   31
fants, ravage les feuilles des arbres et les dépouille
    3   48   8   31   13
de leur parure. Cet insecte est donc plus nui-
      26   31
sible qu'utile, et il devrait être impitoyable-
          48
ment privé de la vie. Néanmoins les paresseux
      31   8   33   46
surtout reçoivent une grande joie de sa so-
         6   33
ciété [1]. L'empressement de jouer avec lui les
   31   48   31
détourne du devoir, et ils ne contentent plus
   35   35   31
ni maîtres ni parents. Plût à Dieu qu'ils fussent
        48   31
mieux informés de son origine [2]! ils se sépa-
        48
reraient bientôt d'un tel compagnon.

1. De sa société, *tournez*, de la société de lui.
2. *Tournez*, de l'origine de lui.

3.

THÈME 53.

Suite.

8 8   31   12   8   8
Ce vil insecte fut d'abord un ver blanc, hor-
        8   31   33   3
rible et difforme. Il rongeait les racines des
                      31   33   3
plantes avant qu'il ravageât les feuilles des ar-
                31   5o   5o
bres. Mais il ne faut pas les accuser d'indul-
                              8   31
gence envers lui. Le pauvre hanneton ne se ré-
                      8   38   8
jouit pas longtemps de son sort. Ces petits
        33   31   5o   32 31
barbares le condamnent à la chaîne; ils le dé-
                  48   48
pouillent tantôt d'une aile, tantôt d'une patte,
              37   31   37   37
et après qu'ils lui ont causé bien de la dou-
              31   43
leur [1], ils lui donnent enfin la mort, à la-
          31   36
quelle il fut condamné dès qu'il lui est arrivé [2]
      31   3
de tomber entre leurs mains [3].

1. *Tournez*, après qu'ils ont été à grande douleur à lui.

2. Il lui est arrivé de tomber, *tournez*, qu'il tombât, *ut caderet*.

3. Entre leurs mains, *tournez*, entre les mains d'eux.

REGIME DES VERBES PASSIFS.

Amor a *Deo*. — *Mœrore* conficior.

Le régime du verbe passif se met à l'*ablatif* avec *a* ou *ab* quand c'est un nom de chose *animée*. —Si le régime du verbe passif est un nom de chose *inanimée*, on met l'*ablatif sans préposition*. — Avec *probor*, *improbor*, *videor*, et les participes en *dus*, *da*, *dum*, on met mieux le nom au *datif* qu'à l'*ablatif*.

THÈME 54.

Robinson.

Vous devriez lire la vie de Robinson, si ardemment recherchée de presque tous les écoliers. Longtemps battu par la tempête, ce fameux voyageur aurait été accablé par les flots, mais il ne fut pas abandonné de Dieu, et, après que son vaisseau [1] eut été brisé par la foudre, il nagea vers une île déserte très-bien décrite par l'auteur anglais, dont [2] l'ouvrage ingénieux sera toujours approuvé des lecteurs. Robinson ne fut pas longtemps abattu par le chagrin. Cette île était entourée de tous côtés par une immense étendue d'eau; mais il fut toujours soutenu par l'espoir d'être rendu à la société par quelque heureux événement.

1. Et après que son vaisseau eut été brisé, *tournez*, après le vaisseau de lui brisé, *post*, avec l'accusatif.

2. Dont l'ouvrage, *tournez*, duquel l'ouvrage, *cujus*.

RÉGIME DES VERBES

PERTINET, ATTINET, SPECTAT.

Hoc *ad me* pertinet.

Les trois verbes *pertinere*, appartenir ; *attinere, spectare,* regarder, avoir rapport à, veulent le nom de la personne à l'accusatif avec *ad.*

THÈME 55.

Le maître insolent.

Un maître insolent, justement méprisé de tous les honnêtes gens, gourmandait ainsi son valet : « Il ne t'appartient pas, maraud, de lever les yeux devant moi. Cirer mes bottes, battre mes habits, exécuter fidèlement tous mes ordres, et surtout ne murmurer jamais, voilà ce qui te regarde. A moi seul appartient de te commander, de t'injurier et même de te rosser, selon mon plaisir. » Le valet indigné répondit : « Il vous appartiendrait plutôt d'user moins orgueilleusement de vos droits. La douceur et la modération ne regardent pas moins les maîtres que les serviteurs. »

RÉGIME DES IMPERSONNELS

POENITET, PUDET, PIGET, ETC.

Me pœnitet *culpæ meæ.* — Incipit *me* pœnitere *culpæ meæ.*

Les cinq verbes *pœnitet, pudet, piget, tædet, miseret,* veulent à l'*accusatif* le nom ou pronom qui précède le verbe français et au *génitif* le nom qui le suit. — Tous les verbes, excepté *volo*, *nolo*, *malo*, *audeo*, *cupio*, deviennent impersonnels devant *pœnitet*, *pudet*, *etc.*, c.-à-d. qu'on les met à la *troisième personne* du singulier, et le nom qui les précède se met à l'*accusatif.*

THÈME 56.

Exhortation aux jeunes gens.

Vous serez fâchés un jour d'avoir mal employé le temps précieux de votre jeunesse, et vous aurez honte de votre ignorance. Les livres nous ennuient, dites-vous, et nous ne nous sommes pas encore repentis d'avoir donné au jeu le temps de l'étude. Insensés! jusqu'à quand ne rougirez-vous pas de parler ainsi? Vos maîtres eux-mêmes se repentiraient de s'être chargés du soin de votre éducation, si vous ne deviez[1] jamais avoir regret d'une telle conduite.

THÈME 57.

Suite.

Maintenant nous avons pitié de votre âge, et nous ne voudrions pas nous lasser de notre persévérance. Lorsque vous serez devenus plus sages et plus raisonnables, vous commencerez à vous repentir de nous avoir causé tant[2] de maux, et vous rougirez de votre égarement. La plupart de vous ne se repentent peut-être pas encore d'avoir

1. Si vous ne deviez : mettez l'imparfait du subjonctif avec *si.*

2. *Tant* se rend par *tot* devant un nom de choses qui se comptent.

pris une mauvaise route ; mais bientôt ils s'ennuieront de leur obstination, et nous ne nous repentirons jamais de les avoir excités au travail.

RÉGIME DES VERBES

REFERT, *INTEREST*.

Refert, interest *regis.* — Refert, interest *meâ.*

Les verbes *refert*, *interest*, veulent au *génitif* le nom qui suit le verbe français *il importe*. On sous-entend *re* ou *causâ* devant ce *génitif.* — Avec *refert*, *interest*, ces pronoms : *me*, *te*, *se*, *nous*, *vous*, *lui*, *leur*, s'expriment par *meâ*, *tuâ*, *nostrâ*, *vestrâ*, *suâ*.

THÈME 58.

Il importait à Antoine de ne pas mener une vie molle et dissolue, mais il aurait également importé à Cicéron d'épargner ce Romain, homme orgueilleux et avide de vengeance. Devenu triumvir, Antoine crut qu'il lui importait d'arracher la vie à son ennemi, et même il n'eut pas honte de contempler la tête encore sanglante de ce célèbre orateur. Il vous importerait, jeunes gens, d'étudier la géographie et de lire avec attention l'histoire des peuples anciens et modernes[1]. Il m'importe de vous avertir de cela, et il vous importera toujours de ne pas l'oublier.

---

1. *Modernes :* mettez *recentiorum* au lieu de *recentium*. Il est quelquefois plus élégant de rendre, comme ici, le *positif* français par le *comparatif* latin.

Refert meâ *Cæsaris.* — *Utriusque* nostrûm interest. — *Ad honorem* nostrum interest.

Si, après *il importe,* ces pronoms *à moi, à toi, etc.,* sont
suivis d'un *adjectif* ou d'un *nom,* l'on met au *génitif* cet
adjectif ou ce *nom.* — Ces phrases : Il nous importe *à
tous deux,* il vous importe *à tous deux, etc.,* se tournent
ainsi : Il importe *à l'un et à l'autre de nous, de vous,
etc., utriusque nostrûm, vestrûm, etc., interest.* — Si le
régime des verbes *refert, interest,* est un nom de chose
inanimée, on met ce nom à l'*accusatif* avec *ad.*

THÈME 59.

Un père à son fils.

Mon cher fils, il importe à ma tranquillité
d'apprendre de vous la cause de votre silence.
Sans doute vous ne rougissez pas d'écrire à votre
père et je serais fâché de vous accuser de négligence. Cependant il nous importe à tous deux
de ne pas vivre plus longtemps de la sorte. Il
importerait peut-être à moi, votre père, de ne pas
me montrer si indulgent; mais il importe à vous
seul de réparer votre faute, en écrivant à votre
mère et à moi une lettre semblable à votre dernière, et de laquelle[1] nous avons reçu tous deux
une très-grande joie. Je demande cette grâce à
mon fils, et je crois qu'il importe à son honneur[2]
de me satisfaire au plus tôt.

1. De laquelle, *e quâ.*
2. A son honneur, *tournez,* à l'honneur de lui.

RÉGIME DU VERBE IMPERSONNEL *EST*.

Est *regis*. — *Meum* est loqui. — Hic liber est
meus.

Le verbe impersonnel *est* veut au *génitif* le nom qui
suit le verbe français. — Quand on se sert du verbe *est*
pour exprimer *il appartient à*, *c'est à*, ces pronoms *à
moi*, *à toi*, *à nous*, *à vous*, *à lui*, *à eux*, se rendent en
latin par *meum*, *tuum*, *nostrum*, *vestrum*, *suum*. (On
ne met *suum* que quand *lui* se rapporte au *nominatif de*
la phrase ; autrement ce serait *ejus*.) — Mais si ces pronoms *à moi*, *à toi*, *etc.*, peuvent se tourner par *mien*,
tien, *notre*, *votre*, on les exprime par *meus*, *tuus*, *no-
ster*, *vester*, que l'on fait accorder avec le nom.

THÈME 60.

Louis XII.

Il appartient à un prince inhumain de tourmenter ses sujets, de construire des prisons, de
lever des impôts, et de ne jamais oublier les injures. Mais les princes sages croient que c'est à
eux de protéger les peuples, de les ménager et de
veiller à leurs intérêts [1]. Un riche habitant d'Orléans n'avait pas eu honte d'insulter Louis XII,
encore duc de cette ville. Un des courtisans
s'imagina qu'il importait à l'honneur du prince de
châtier l'insolent. « Cet homme est à vous maintenant, disait-il ; c'est à lui de vous respecter. —
Avant mon avénement au trône [2], il n'était pas à

1. A leurs intérêts, *tournez*, aux intérêts d'eux.
2. Avant mon avénement au trône, *tournez*, avant que

moi, dit Louis. Depuis ce temps je suis devenu son père[1]; il n'appartient pas au roi de France de venger les offenses du duc d'Orléans. »

RÉGIME DE L'IMPERSONNEL *OPUS EST* ET DU VERBE *INTERDICO*.

Mihi opus est *amico*. —Interdico *tibi domo meâ*.

Quand on exprime *avoir besoin* par l'impersonnel *opus est*, on met en latin au *datif* le nom ou pronom qui précède le verbe français et à *l'ablatif* le nom qui le suit. —Le verbe *interdico* veut le nom de la personne au *datif* et le nom de la chose à l'*ablatif.*

THÈME 61.

Le malade.

Ce malade avait besoin d'une bonne nourriture, mais le médecin lui a interdit le vin et les aliments substantiels; il aurait eu besoin de chaleur, ce moderne Esculape lui a encore interdit le feu et les couvertures de laine. Aussi ce malheureux n'aura bientôt plus besoin de secours, et la tombe seulement ne lui sera pas interdite. O enfants! soyez sobres et modérés; vous aurez rarement besoin de ces hommes ignorants ne s'interdisant jamais les visites aux malades, et toujours portés à leur interdire les choses les plus agréables.

j'obtinsse (j'allasse dans) la souveraineté, *antequam principatum inirem.*

1. Son père, *tournez*, le père de lui.

VERBE RÉGIME D'UN AUTRE VERBE.

Amat *ludere*. — Eo *lusum*. — Venio *ad studendum*.

Quand deux verbes sont *de suite*, et que le premier ne marque point de *mouvement*, on met le second à *l'infinitif*. — Si le *premier* signifie *mouvement* pour aller ou venir en quelque lieu, on met le *second* au *supin* en *um*. — Lorsque le *second* verbe n'a point de supin, il faut le tourner par *pour*, et l'exprimer par *ad* avec le gérondif en *dum*, ou par *afin que*, et l'exprimer par *ut* avec le subjonctif.

THÈME 62.

Clémence du roi Robert.

Certains hommes n'eurent pas honte de conspirer contre le roi Robert; mais ils ne purent ourdir longtemps en cachette leurs trames criminelles. Jetés en prison, ils n'osèrent pas nier cette action odieuse; mais ils parurent la détester sincèrement. Néanmoins ils furent condamnés à mort par les juges, qui ne voulurent jamais révoquer la sentence. Le roi, désirant les sauver, usa d'un pieux stratagème. Un confesseur alla, par son ordre[1], consoler les coupables, et le lendemain ils vinrent tous ensemble à l'église recevoir la sainte communion. Robert alors parla aux juges en ces termes : « Il ne vous appartient pas d'envoyer au gibet des hommes que Jésus-Christ n'a pas dédaigné d'admettre à sa table. »

1. *Tournez*, par l'ordre de lui.

THÈME 63.

Lucullus.

Lucullus se plaisait à vivre dans les délices. Il ne craignait pas de dépenser des sommes considérables pour satisfaire[1] sa gourmandise. Les cuisiniers de Rome venaient chez lui étudier l'art sublime des assaisonnements, et lorsqu'ils connaissaient à fond les sauces et les ragoûts, ils allaient dans les principales villes de la Grèce et de l'Italie briller par leur savoir-faire et leur habileté. La plupart des Romains se sont efforcés de transmettre à la postérité le souvenir de leurs vertus; mais Lucullus a mieux aimé se faire remarquer par l'énormité de son luxe et de ses profusions.

Redeo *ab ambulando.* — Te hortor *ad legendum.*

Lorsque deux verbes sont de suite, et que le *premier* signifie mouvement pour venir de quelque lieu, on met le second au géus rondif en *do* avec a ou *ab.* Si le *second verbe* a un régime, et qu'il gouverne l'*accusatif,* servez-vous plutôt du participe en *dus, da, dum,* et alors mettez le participe et le régime à l'*ablatif* avec a ou *ab,* en les faisant accorder. — Après les verbes qui signifient *mouvement vers quelque lieu* ou *inclination vers quelque chose,* comme *pousser à, exhorter à,* etc., on exprime à par *ad* et l'on met le verbe au géondif en *dum.* Si le *second verbe* a un régime, et qu'il gouverne l'*accusatif,* servez-vous encore du participe en *dus, da, dum,* que vous mettrez à l'*accusatif* avec *ad,* en le faisant accorder avec son régime.

1. Pour satisfaire, *ad* avec le géondif en *dum.*

THÈME 64.

Projet de dîner.

Lorsque vous reviendrez de chasser, je serai sans doute revenu de visiter mes fermiers. Nous engagerons votre frère à nous accompagner, et nous irons ensemble dîner chez mon oncle. Un pêcheur qui revenait de jeter ses filets m'excitait à acheter des poissons de rivière; mais notre voisin, revenu aujourd'hui de parcourir les ports de la France, m'a détourné de les prendre. Il m'a offert deux homards et un énorme turbot, et rien n'a pu le déterminer à recevoir mon argent : aussi je l'ai invité à augmenter le nombre des convives. Je vous exhorte maintenant à chasser en conscience : mon oncle fournira le vin, et rien ne nous manquera pour faire un dîner délectable[1].

Consumit tempus *legendo.* — Dedit mihi *libros legendos.* — Vidi eum *ingredientem.*

Quand *à* devant un *infinitif* français peut se tourner par *en* et le *participe présent*, on met cet *infinitif* au *gérondif* en *do*, avec ou sans la préposition *in*. — Quand *à* devant un *infinitif* français peut se tourner par *pour* avec l'*infinitif* passif, on se sert du participe en *dus*, *da*, *dum*, que l'on fait accorder avec le nom qui précède. — Après les verbes *voir*, *sentir*, *écouter*, *entendre*, *admirer*, l'infinitif français se met au *participe présent*, que l'on fait accorder avec le régime des verbes *voir*, *sentir*, etc.

1. Faire un dîner délectable, *tournez*, dîner très-agréablement.

THÈME 65.

La cigale et la fourmi.

La fourmi passait le temps de l'été à faire des provisions. Chacun la voyait trotter sans cesse, et chercher partout des grains de blé à traîner dans son magasin. La cigale, qui passait les jours entiers à chanter et à ne rien faire, entendit certaines gens vanter la diligence de ce petit insecte, et peu après elle le vit lui-même revenir avec son butin. « Ma voisine, dit-elle, je vous admire travailler et vous fatiguer de la sorte, tandis que vous pourriez rester tranquille à vous reposer. La nature nous a donné si peu de jours à passer ici-bas! suivez mon exemple, et ne soyez pas si ingénieuse à vous tourmenter. » La fourmi secoua la tête et continua son chemin.

THÈME 66.

Suite.

La belle saison s'écoula peu à peu. Bientôt la cigale entendit l'aquilon siffler à ses oreilles; elle vit la campagne se couvrir de frimas, et ne trouva plus rien à se mettre sous la dent. Pressée par la faim, elle se souvint de la travailleuse, et courut aussitôt frapper à sa porte. « Ma bonne, lui dit-elle, vous avez, je le sais, une ample provision de blé : je viens vous demander seulement quelques grains à emprunter, je vous les rendrai avec intérêt. » La fourmi n'aime guère à prêter. Elle lui répondit en souriant : « O vous que j'ai entendue cet été parler si sagement, je n'ai rien à vous offrir aujourd'hui, si ce n'est un bon conseil : vous passiez alors votre temps à chanter, eh bien ! passez-le maintenant à danser. »

RÉCAPITULATION.

THÈME 67.

Les trois coqs.

8   1   3   8   3
Trois coqs, habitants d'une même ferme,
31   58   58   62   33
crurent qu'il leur importait de parcourir l'uni-
55   31   62
vers. « Il nous appartient, disaient-ils, d'acquérir
38   56   56   62
de la science, et nous devrions rougir d'être
8   31
restés si longtemps dans cette prison. » Ils quit-
33   31   8
tèrent donc la basse-cour, et passèrent le pre-
33   65   64
mier jour à visiter les champs. Le lendemain
37   8   65
ils eurent une vaste forêt à traverser, et la peur
33   31   64   33   31
les engagea à chercher un guide. Le renard dit
60   60   62   33
que c'était à lui d'accompagner les voyageurs ;
31   38   3   38   31   56
il se glorifia de son adresse, et n'eut pas honte
62   8   8   33   61   61
de vanter son extrême probité ; ils n'avaient pas
61   61   8
besoin d'un guide plus honnête.

THÈME 68.

Suite.

31 5o   33   5o   31
« Je n'accuse pas le renard de mensonge, dit
30   33 34   3   34
l'un d'eux; cependant je n'aime pas son allure[1].
8   31 13 8   15
Cet animal me paraît plein de ruse, et je ne
31   8   33   46 8 3   46
reçois aucune assurance de tous ses discours.
36   36   62
Il ne nous sera pas avantageux de suivre un
33   8   31   54
tel guide. — Vos soupçons ne sont pas approuvés
31   8   31   8
de moi, répondit un autre coq; ce renard me
31 13   8   5   34   34
paraît d'un bon naturel; j'ai beaucoup de plaisir
62   65   56 56   62
à l'entendre parler, et je me repentirais d'être
38 3   38
privé de sa[2] compagnie. »

THÈME 69.

Suite.

8   31   13
Le troisième coq était fort prudent. « Il ne
55   31   37 62 37
m'appartient pas, dit-il, de vous blâmer de

1. Son allure, *tournez*, l'allure de lui.

2. De sa compagnie, *tournez*, de la compagnie de lui.
En général, *son*, *sa*, *ses*, *leur*, *leurs*, se rendent par *is*,
ea, *id*, quand ils ne se rapportent pas au nominatif ou
sujet de la phrase.

8   3ı   8   33   ı3   2ı
votre avis. Je crois que ce renard est doué
8   8   2ı
en même temps de bonnes et de mauvaises qua-
58   8   58
lités. C'est pourquoi il importe à notre sûreté
62   48   3   48
d'être mieux informés de ses [1] habitudes.
46   33   46   3
Sachons la vérité des habitants du canton, et
5ı   33   3₇
ensuite nous verrons ce que nous aurons
65   3ı   ı3   ı3   ı4   8
à faire[2]. » Le renard n'était pas curieux de toutes
8   ı5   3ı   38   3ı   38
ces recherches. « Je jouis, dit-il, d'une réputation
8   3ı   62
excellente, et il ne m'est pas permis de passer
33   65   58   62
le temps à ne rien faire. Il m'importe de partir
33   3ı
sur-le-champ ; suivez-moi donc, ou je serai forcé
35   62
de vous dire adieu. »

THÈME 70.

Suite.

33   3ı   65   3ı   8
« Vous l'entendez parler, dit le plus imprudent
8   2g   8   8   33
des trois coqs. Cette nouvelle assurance me dé-

---

1. *Tournez*, des habitudes de lui.

2. *Tournez*, quelle chose sera à être faite à nous, *quid* avec le participe en *dus*, *da*, *dum* et le verbe *esse* au subjonctif.

3ı   3ı   ı3   20   33   35
cide : je suis prêt à suivre le renard. — Cela vous

   55 3ı   3ı   8
regarde, répondirent les deux autres : plaise à

       56   56   56
Dieu que vous ne vous repentiez jamais de

   8   56   3ı   ı3
votre confiance ! » Le renard s'en alla bien joyeux.

       60   3ı
« Ce coq est à moi, dit-il en lui-même, et personne

      62   37   37
ne viendra lui porter du secours. » Dès qu'ils

  3ı   8   33   3ı
furent partis, un autre guide se présenta. Vous

  3ı   5o   33
n'accuserez certainement pas celui-ci de dissi-

  5o   5o   3ı
mulation et de perfidie, car c'était[1] un mou-

       8   8   29
ton, le plus simple et le meilleur des animaux

   3   3ı   33   48
du pays. Tous le comblaient de louanges et

3ı   37   37
félicitaient les voyageurs.

THÈME 71.

Suite.

  3ı   62   33   3ı
« Je n'aurais pas voulu suivre le renard, dit

       8   8
aussitôt le coq soupçonneux ; mais les braves

---

1. *Tournez*, car il était un mouton.

Thèmes 8ᵉˢ, élèves.   4

33 34   5g 3ı 5g
gens me font plaisir, et je ne m'interdirai
 8 5g   3   8
pas les bons offices de celui-ci. » L'autre coq
3ı 33   3ı
secoua la tête, et lui répondit en ces termes :
    3ᵧ   3ᵧ 3 3ə
« Je ne blâme pas le mouton de sa bonté[1] ;
 6ı 6ı   6ı 3ı 6ə
mais j'ai besoin d'un guide qui puisse me dé-
 4⁸ 48   3ı ı3
livrer du danger : la forêt ne me paraît pas
 ı3 58 58 6ə   8 33
sûre; il m'importe d'attendre un autre com-
    3   36 36
pagnon de voyage. — Comme il vous plaira[2], »
3ı 8   3ı
dit l'autre coq, et il partit avec le mouton.
    8   ı3   3ᵧ
Le coq prudent resta seul, et il n'eut pas lieu
 6
de se repentir[3].

THÈME 72.

Suite.

     8   ı4 3ı
Un dogue surnommé *Fidèle* vint presque
   43 6ə 8 33   3ı
aussitôt lui offrir ses services. Il n'était pas

1. De la bonté de lui.

2. Comme il vous plaira, *ut tibi libuerit*.

3. Il n'eut pas lieu de se repentir, *tournez*, lieu de se
repentir ne fut pas à lui.

  4.

13   25   25   31
moins honnête que le mouton ; mais il ne crai-
          62   33   43
gnait pas de montrer les dents aux ennemis.
    8   22   31   38   8
Chose facile à croire, il jouissait de la meil-
    38   8   31   48
leure réputation : notre voyageur connut bien-
              48   3
tôt, par le témoignage des habitants, qu'il
58   58   62   48   48
lui importait de ne pas se séparer de *Fidèle*.
    31
Ils entrèrent donc ensemble dans la forêt : ils
31   31
n'étaient pas encore bien éloignés, lorsqu'ils
31   33   8   3
trouvèrent les plumes du premier coq, indi-
      8   54   8   54
gnement étranglé par le perfide renard. Un peu
          31   33   8   3
plus loin ils virent la peau du pauvre Robin
    33   3   8   3
et les pattes de son[1] imprudent compagnon.

THÈME 73.

Fin.

    8   33   48   48
Un loup cruel les avait privés de la vie, et
3   31   13
leur chair était devenue la pâture du brigand.

1. De son compagnon, *tournez*, du compagnon de lui.

Le troisième coq traversa paisiblement la forêt;
le dogue ne lui fit aucun mal[1], et la présence d'un si bon guide le délivra de toute
crainte.

Écoutez, jeunes gens; ce récit vous regarde. A
l'entrée de la vie, vous avez besoin de pro-
tecteurs; mais il vous importe de faire un bon
choix. Il vous sera facile de trouver des renards
qui vous promettront monts et merveilles; vous
verrez des moutons inutiles à vous et à eux-
mêmes. N'ayez pas honte de rejeter ces gens-là.
C'est à vous de choisir l'homme de bien qui peut
vous défendre. L'ami perfide est dangereux;
l'ami tiède ne sert de rien[2]; l'ami zélé est
seul digne de confiance.

---

1. Ne lui fit aucun mal, *tournez*, ne nuisit à lui en aucune manière.

2. Ne sert de rien, *nihil prodest.*

SYNTAXE DES PRONOMS.

ACCORD DU PRONOM AVEC L'ANTÉCÉDENT.

Deus *qui* regnat. — Pater et mater *quos* amo. — Virtus et vitium *quæ* sunt contraria.

Le pronom relatif *qui*, *quæ*, *quod*, s'accorde en *genre* et en *nombre* avec le *nom* ou *pronom* qui précède et que l'on nomme *antécédent*. — Quand le relatif *qui*, *quæ*, *quod* a *deux antécédents*, on le met au *pluriel*, et si les *antécédents* sont de *différents* genres, le *relatif* s'accorde avec le plus *noble*. — Si les deux antécédents sont des *choses inanimées*, le *relatif* se met au pluriel *neutre*.

THÈME 74.

Le soldat qui a remporté la victoire a reçu une grande récompense de son général. Ma sœur, qui a composé ce livre, est aimée de tous ceux qui savent apprécier le vrai mérite. Vous n'avez pas vu le monstre horrible qui ravage les campagnes. Le chapeau et l'habit que j'ai choisis sont du meilleur goût. Le perroquet et la guenon que vous avez achetés paraissent de bien méchants animaux. Le rat et la belette que j'ai vus ronger mes petites provisions se repentiront de leur voracité. Un maître qui ne châtie jamais ses élèves est sans doute un maître bon, mais certainement il n'est pas un bon maître.

QUI *relatif*, QUE *relatif*.

Puer *quem* pœnitet. — Mitte *quem* voles. —
Deus *quem* amo, etc.

(En général, le relatif se met au même cas où l'on mettrait l'antécédent dont il tient la place : pour le connaître, il n'y a qu'à exprimer cet antécédent au lieu du relatif qui le représente.) — Quand le verbe latin veut à un autre cas que le *nominatif* le nom qui est au *nominatif* en français, alors le *qui* relatif se met au même cas que le verbe latin demande. — Si le *qui* français peut se tourner par *celui que*, mettez-le au cas que gouverne le verbe *précédent*. — *Que* relatif se met toujours au cas du verbe suivant, et, s'il est gouverné par deux verbes qui veulent différents cas, on l'exprime *deux fois*, et on le met au *cas de chaque verbe*.

THÈME 75.

Le phare d'Alexandrie.

Le phare d'Alexandrie, que vous ne serez peut-être pas fâchés de connaître, était une tour de marbre, qu'un roi d'Égypte, nommé Ptolémée, avait fait bâtir[1]. L'homme qui gardait cette tour, ou tout autre que vous voudrez qui avait intérêt à le faire, allumait, vers le soir, un grand feu sur la plate-forme de l'édifice, et la lumière qu'il jetait pendant la nuit avertissait les vais-

---

1. Avait fait bâtir, *tournez*, avait ordonné être bâtie.

seaux qui étaient en mer[1] du danger qui les
menaçait, s'ils s'approchaient des rochers qui
défendaient toute la côte, et dont[2] la plupart
étaient cachés sous les eaux. Depuis ce temps,
les tours que les hommes construisent sur les
bords de la mer sont appelés phares, du mot
pharos, nom que portait la tour d'Alexandrie.

DONT *ou* DE QUI.

Deus *cujus* providentiam miramur. — Merces
quâ dignus es. — Libri *quibus* utor, *et les
règles du thème précédent.*

Dont, *de qui*, est toujours gouverné par le mot de la
phrase après lequel on peut mettre par interrogation *de
qui? de quoi?* Ce mot est ou un *nom*, ou un *adjectif*,
ou un *verbe*.

Quand *dont* est gouverné par un *nom*, il se met au
génitif. — Quand il est gouverné par un *adjectif*, il se
met au cas que régit cet *adjectif.* — Quand il est gouverné
par un *verbe*, il se met au cas que gouverne le *verbe*.

THÈME 76.

Nécessité de l'histoire.

L'histoire, qu'il vous importe surtout de lire
et d'étudier, est semblable à une mine féconde

1. Qui étaient en mer, *tournez*, qui tenaient la haute
mer, *altum tenere*, sous-ent. *mare*.
2. Dont, *tournez*, desquels, *quorum*.

dont vous ne connaîtrez jamais assez l'étendue et
la profondeur. Les connaissances dont elle enri-
chira votre esprit sont inappréciables. Vous trouverez des livres dont vous pourrez tirer une
grande utilité; mais, de tous ceux dont il convient de se servir, les livres que les historiens
profanes et sacrés, anciens et modernes, ont
composés sont incontestablement les plus nécessaires[1]. Néanmoins je ne voudrais pas vous interdire la lecture des bons auteurs, que tout
maître raisonnable doit conseiller et favoriser.
La tendre sollicitude dont vous êtes dignes m'engage à vous donner ces préceptes dont votre
jeune âge a besoin.

A QUI. — PAR QUI.

Puer *cui* id utile est. — Romulus a *quo* Roma
condita fuit. — Is per *quem* veniam impetravi.

A qui se met au cas que demande le *verbe* ou l'*adjectif*
auquel il se rapporte. — *Par qui*, suivi d'un verbe *passif*,
se met à l'*ablatif* avec *a*. — *Par qui*, signifiant *par le
moyen duquel*, s'exprime par *per* avec l'*accusatif*.

1. Il est élégant de n'exprimer l'antécédent qu'après le
qui ou *que* relatif, et alors on met l'antécédent au même
cas que le relatif. Ex. : La lettre que vous m'avez écrite
m'a été très-agréable : *quas scripsisti litteras, eæ mihi
fuerunt jucundissimæ.*

THÈME 77.

Belle réponse du grand Condé.

Les Espagnols, par qui la ville de Rocroy était assiégée, n'étaient pas plus courageux que les Français, à qui il importait de les éloigner de cette ville ; mais ils étaient trois fois plus nombreux. Tous les officiers, à qui il paraissait dangereux de les attaquer, représentaient cette chose au prince de Condé, par qui les fonctions de général étaient alors remplies. L'intrépide Gassion, par qui nos soldats avaient obtenu tant de fois des succès, osa même dire au prince, à qui il était cher : « Hélas ! que[1] deviendrons-nous si nous perdons la bataille ? — Cela ne me regarde pas, répondit le jeune Condé ; l'Être suprême, par qui les batailles sont gagnées, nous favorisera, ou j'aurai perdu la vie avant la fin du combat. »

———

Pronoms ME, TE, SE, NOUS, VOUS, LE, LA, LES, LUI, LEUR.

Mihi paruit. — *Tibi* promisi librum. — *Hoc* non agam. — Dices *ei*. Hoc *eis* facile est.

Les pronoms *me*, *te*, *se*, *nous*, *vous*, se mettent au cas que gouverne le *verbe* ou l'*adjectif* auquel ils se rap-

1. Que, *tournez*, quelle chose, *quid*. Sous-ent. *negotium*.

4.

portent. — *Le*, *la*, *les*, se mettent toujours au *cas* du *verbe suivant*, et ils s'accordent en *genre* et en *nombre* avec le *nom* auquel ils se rapportent. — Si *le* n'est pas précédé d'un *nom* auquel il se rapporte, on le tourne par *cela*, et on l'exprime par *hoc*, *id*, *illud*. — *Lui*, *leur*, se tournent toujours par *à lui*, *à elle*, *à eux*, et ils sont gouvernés par un *verbe* ou par un *adjectif.*

THÈME 78.

Le lac Achérusie.

Il me serait agréable de vous dire aujourd'hui quelque chose du lac Achérusie[1]. Si quelqu'un de vous s'ennuie de m'entendre parler, je ne me fâcherai pas contre lui, mais je l'abandonnerai à son ignorance. Aux environs de Memphis, ville d'Égypte, était un lac nommé Achérusie. Les habitants avaient coutume[2] d'embaumer les morts, et de les enterrer ensuite au delà de ce lac. D'abord ils les portaient sur le rivage. Tous ceux qui avaient quelque chose à reprocher aux défunts pouvaient les accuser librement devant les juges à qui le soin d'examiner leur vie avait été confié. Ceux-ci la scrutaient soigneusement, et personne ne leur faisait un crime de leur sévérité.

1. *Tournez*, touchant le lac Achérusie.
2. Les habitants avaient coutume, *tournez*, il fut en coutume aux habitants.

Pronoms EN, Y.

Vidi tuam domum et *illius* pulchritudinem miratus sum. — Res est gravissima, *huic* operam dabo.

En se tourne par *de lui*, *d'elle*, *d'eux*, *d'elles*, et il est gouverné ou par un *nom*, ou par un *adjectif*, ou par un *verbe*. — *Y* se tourne par *à lui*, *à elle*, *à eux*, *à elles*, et se met au *cas* que veut le *verbe suivant*.

THÈME 79.

Suite.

Après qu'ils en avaient sondé les actions bonnes ou mauvaises, et qu'ils avaient entendu le bien et le mal que chacun en disait, ils prononçaient la sentence, et tous les assistants y souscrivaient sans appel. Les défunts qui avaient été reconnus vertueux étaient aussitôt transportés par leurs parents et leurs amis de l'autre côté du lac. Mais ceux dont la vie avait été jugée criminelle étaient traités bien différemment. Ils les jetaient à la voirie parmi les cadavres des animaux, qui ont toujours été privés de sépulture et qui en sont absolument indignes. Cette coutume des anciens était très-sage. Vous y trouverez l'origine de la fable des enfers, et vous admirerez sans doute les fictions ingénieuses que les poëtes en ont tirées.

Pronom se.

Superbus *se* laudat. — Vox illa *invenitur* apud
Phædrum. — Venenum *sese* in venas insinuat.
— Petrus et Joannes *se invicem* laudant.

On exprime se par *sui*, *sibi*, *se*, en le mettant au *cas
du verbe*, quand le nominatif est un nom de *chose animée* qui fait sur elle-même l'action que marque le verbe.
—Si le pronom se a rapport à un nominatif de *chose inanimée*, ou même *animée* qui ne fasse pas sur elle-même
l'action marquée par le verbe, on tourne ce verbe par le
passif. — Quand se a rapport à *deux nominatifs* qui font
l'un sur l'autre l'action que marque le verbe, on ajoute
l'adverbe *invicem*, à moins qu'il ne soit gouverné par une
préposition.

THÈME 80.

L'enfant gourmand.

Un enfant gourmand s'introduisait en cachette
dans l'office, et ne s'interdisait ni les biscuits ni
les confitures. Quoique sa mère ne se lassât pas
de le gronder, il ne se corrigeait nullement; au
contraire, il se trouvait toujours où il y avait
quelques friandises à dévorer[1]. Un jour qu'il se
voyait seul[2], il aperçut un espèce de gâteau plein
d'arsenic, que le cuisinier s'était avisé de prépa-

1. Quelques friandises à dévorer, *tournez*, si quelque
chose de très-agréable pour être dévoré était quelque
part, il était toujours trouvé là. *Si* avec le subjonctif.

2. Qu'il se voyait seul, *tournez*, comme il se voyait
seul. *Quum*, avec le subjonctif.

rer pour détruire les souris. Une bonne occasion se présente, dit-il en lui-même, c'est à moi d'en profiter. Le poison se glissa bientôt dans ses veines. Son père et sa mère se lamentèrent, ils se reprochèrent leur faiblesse et leur indulgence ; mais il n'était plus temps : la mort s'était emparée de sa proie.

QUI *interrogatif* [1].

Quis *vestrûm*, ou *ex vobis*, ou *inter vos ?* — Uter est doctior, *tune* an *frater ?* — *Quis* te vocavit ? *Quem* vocas ?

Le QUE interrogatif s'exprime par *quis*, *quæ*, *quod*, ou *quisnam*, *quænam*, *quodnam ;* et le nom pluriel qui suit se met au *génitif*, ou à l'*ablatif* avec *e*, *ex*, ou à l'*accusatif* avec *inter*.—*Qui des deux*, ou *lequel des deux*, s'exprime par *uter*, *utra*, *utrum*, et les deux *noms* qui suivent se mettent au même cas que *uter*. On met *ne* après le premier et *an* devant le second. Le *superlatif français* se met au *comparatif* en latin. —QUI interrogatif est tantôt le *nominatif* et tantôt le *régime* du *verbe suivant ;* le *nominatif*, quand on peut le tourner par *qui est celui qui*......, et le *régime* quand on peut le tourner par *qui est celui que*....

THÈME 81.

Le petit enfant questionneur.

Qui est cet enfant ? qui vous l'a confié ? Qui a donc instruit ce petit perroquet ? Qui interroge-

1. Le *qui* interrogatif n'a point d'antécédent ; on le connaît quand il peut se tourner par *quelle personne ?*

t-il de la sorte? Écoutons-le parler. « Mon ami, qui me donnera cet oiseau vert? Qui enlèvera ce nid? Qui appelleras-tu pour abattre ces vieux arbres? Qui me cueillera cette rose jaune? Lequel des deux, de toi ou de mon papa, est le plus riche? Qui de nous prendra ces poissons rouges? Qui des deux est le plus complaisant, de monsieur ou de mon frère? Qui bourdonne à mes oreilles? Qui tuera cette vilaine mouche? Qui a-t-elle piqué aujourd'hui? Qui lui arrachera son dard? » Emmenez vite ce marmot. Qui pourrait supporter son babil? Qui accuserai-je d'avoir engendré ce petit ennuyeux! Qui me délivrera des enfants questionneurs?

QUE interrogatif.

Quid agis? — *Cui* rei studes? — *Quid* virtute pulchrius?

Le QUE interrogatif se tourne par *quelle chose*, et il s'exprime par *quid*, lorsque le *verbe suivant* gouverne *l'accusatif.* — Si le *verbe suivant* gouverne un autre cas, il faut exprimer le mot *chose.* — *Quoi* ou *que*, au commencement d'une phrase, se tourne par *quelle chose* et s'exprime par *quid.*

THÈME 82.

Un maître à son élève.

Que faisais-tu là, paresseux? que caches-tu si soigneusement? Quoi de plus affreux que ta nonchalance? Que penseront de toi tes parents? Que sera-ce s'il leur plaît de t'interroger? que ne diront-ils pas?... Que marmottes-tu entre tes dents? Ah! je vois : tu me menaces... insensé! Que n'étudie pas ton frère? que ne lit-il pas? que ne fait-il pas pour me satisfaire? Et toi, que n'imagines-tu pas pour me tourmenter? Quoi de plus aimable que sa conduite? quoi de plus détestable que la tienne? Hélas! que deviendras-tu un jour? Que ne me reprocheras-tu pas à moi-même? Cependant que n'ai-je pas fait jusqu'ici pour t'exciter au travail?

QUEL, QUELLE.

Quæ ou *quænam* mater liberos suos non amat? — *Quota* hora est? — *Quanta* nobis instat pernicies!.........

Quel, quelle, s'expriment aussi par *quis, quæ, quod*, ou *quisnam, quænam, quodnam*, et s'accordent avec le *nom* suivant en *genre*, en *nombre* et en *cas*. (Suivi d'un nom de *chose, quel* s'exprime mieux par *quid* avec le génitif.) *Quel, quelle*, signifiant *quantième*, s'expriment par *quotus, quota, quotum*, et l'on répond par le nombre *ordinal. Quel, quelle*, quand on peut ajouter le mot *grand*, s'expriment par *quantus, quanta, quantum*.

THÈME 83.

La ferme incendiée.

Quel ravage fait déjà ce violent incendie ! Quel scélérat a pu l'allumer? Quel châtiment le menace, s'il est découvert! Hélas! quel avantage y a-t-il à être si méchant[1]? Quelle femme aperçois-je derrière ces barreaux? Quels cris! quels hurlements! Quel homme lui porte du secours? Quelle heure est-il? Dix heures. Les pompiers n'arrivent pas. Quelle douleur est la mienne! Quelle partie du toit s'est déjà écroulée? Quelle sera la perte du fermier! Quelle misère lui est réservée! Quel mortel aura pitié de son sort?

Quis te redemit? *Jesus Christus.*

La *réponse* se met ordinairement au même cas que la *demande.* Cependant avec les impersonnels *est, refert, interest,* la réponse, quand elle se fait par un nom, se met à un autre *cas.*

THÈME 84.

Questions sur la mythologie.

Quel est le plus ancien des dieux? Uranus ou le Ciel. Quelle femme les anciens donnent-ils à Uranus? La Terre. Quels fils eurent-ils? Titan et Saturne. A qui Titan céda-t-il l'empire? A Saturne, son frère. Que dévorait Saturne? Ses enfants. A qui importait-il de les cacher? A son épouse. Quels enfants déroba-t-elle à sa fureur? Jupiter, Neptune et Pluton. Par qui Saturne

---

1. Quel avantage y a-t-il à être si méchant, *tournez,* quel avantage a une si grande méchanceté? *Tanta improbitas.*

fut-il détrôné? Par Jupiter. Qui eut pitié de Saturne chassé du ciel? Janus. Quel était Janus? Un roi du Latium. Comment appelez-vous l'époque du séjour de Saturne chez Janus? L'âge d'or. A qui appartenait-il de célébrer l'âge d'or? Aux poëtes.

Num dormis? — *Nonne* vidisti regem? —*Abeat* proditor. — *Ne* insultes miseris. — *Ne* dicat.

Quand on interroge sans *négation*, on met en latin *an* ou *num* devant le premier mot, ou *ne* après, et la réponse se fait par le *verbe de l'interrogation*. (*Num* s'emploie quand la réponse doit être *négative*.) Si l'interrogation se fait par deux négations, *ne je pas*, *ne tu pas*, *etc.*, on met *annon* ou *nonne* devant le premier mot [1].— Quand on commande, le *verbe* se met à l'*impératif*; mais s'il est à la *troisième* personne, on emploie la *troisième* personne du présent du subjonctif. — Quand on défend, on met *ne* avec le *subjonctif* ou l'*impératif*; ou bien l'on se sert de *noli* pour le singulier et de *nolite* pour le pluriel, avec l'infinitif. — Si le verbe est à la troisième personne, on se sert toujours de *ne* avec le *subjonctif* [2].

[1]. L'élève remarquera qu'il ne devra jamais commencer une phrase par *annon*, mais bien par *nonne*. *Annon* ne s'emploie que quand il y a continuation d'une idée antécédente.

[2]. Si l'interrogation tient lieu de *lorsque*, on l'exprime par *quum*. Avait-il soupé, il s'en allait, *tournez*, lorsqu'il avait soupé, il s'en allait, *quum cœnaverat, abibat.*

THÈME 85.

Héraclite et Démocrite.

Savez-vous quelque chose d'Héraclite et de Démocrite? Non. Désirez-vous connaître ces deux philosophes? Oui. N'avez-vous pas vu des gens rire toujours, et d'autres pleurer sans cesse? Quelquefois. Tels furent Héraclite et Démocrite. Est-ce que vos philosophes étaient fous? Non certainement. Ne me cachez donc pas la cause d'une conduite si bizarre. « O hommes! disait Héraclite d'un ton lamentable, jouissez enfin de la vie; ne vous tourmentez pas ainsi nuit et jour; ne formez pas de si vastes projets. Croyez-vous donc être immortels? — Allons, courage! s'écriait Démocrite en éclatant de rire. Bâtissez de superbes palais, et entreprenez de longs voyages! amassez des trésors immenses; que vos neveux jouissent à leur aise du fruit de vos travaux; qu'ils ne vous accusent pas de négligence. » Ne m'en dites pas davantage : Héraclite et Démocrite étaient plus sages que je ne croyais.

SYNTAXE DES PARTICIPES.

Gallus, escam *quærens,* margaritam reperit.
— Urbem *captam* hostis diripuit.

Le *participe* qui se rapporté au *sujet* ou *nominatif* du verbe s'accorde avec ce *sujet* ou *nominatif* en *genre*, en *nombre* et en *cas*. — Le *participe* qui se rapporte au *régime* du verbe s'accorde avec ce *régime* en *genre*, en *nombre* et en *cas*. (Le *participe* se rapporte ordinairement au *régime* du verbe, quand ce *régime* est un des pronoms *le*, *la*, *les*, *lui*, *leur*.)

THÈME 86.

Trait d'amour conjugal.

Un empereur d'Allemagne, assiégeant une ville dont le nom m'est échappé, en réduisit les malheureux habitants à la dernière extrémité. Ceux-ci, forcés de se rendre[1], implorèrent la clémence du vainqueur; mais lui, indigné de leur vigoureuse résistance, ne voulait épargner personne. Enfin, ébranlé par leurs prières, il permit aux femmes seules de se retirer la vie sauve, emportant avec elles ce qu'elles auraient de plus précieux. Celles-ci, ayant chargé sur leurs épaules leurs enfants et leurs maris, essayèrent de les dérober à la cruauté de l'ennemi. L'empereur, devant entrer dans la ville pour la piller, se tenait aux portes avec son

1. *Tournez,* forcés à la reddition.

armée. Émerveillé d'un spectacle si nouveau, il ne voulut pas manquer à sa promesse, et les citoyens devant être passés au fil de l'épée, il aima mieux leur pardonner que d'en tirer vengeance.

Partibus factis, sic locutus est leo.

Quand le *participe* ne se rapporte ni au *sujet* ou *nominatif* ni au *régime* du *verbe*, on met à l'*ablatif* ce *participe* et le *nom* auquel il est joint, en les faisant accorder en *genre* et en *nombre*. C'est ce qu'on appelle *ablatif absolu*.

THÈME 87.

Pyrrhus et Cinéas.

Pyrrhus, roi d'Épire, étant passé en Italie[1] avec une armée, les Romains se défendirent courageusement. Néanmoins, la fortune le favorisant, ce monarque ambitieux forma des projets plus vastes et parla en ces termes à Cinéas, un de ses courtisans : « Les Romains étant vaincus, j'attaquerai les peuples de la Grèce. — La Grèce étant soumise, répondit Cinéas, que ferez-vous ensuite? — Cette affaire importante terminée, j'ai envie d'aller en Afrique. — Les nations d'Afrique une fois mises sous le joug, quelle nouvelle entreprise méditerez-vous? — La Sicile n'étant pas bien éloignée, il sera facile de s'en

---

1. En Italie, *in* avec l'accusatif.

emparer. — Et la Sicile étant domptée, où[1]
irons-nous ensuite? — Alors, mon cher Cinéas,
l'univers étant pacifié, nous retournerons en
Grèce, et nous nous livrerons au repos. — Pourquoi n'en jouirions-nous pas dès à présent? »
repartit Cinéas.

SYNTAXE DES PRÉPOSITIONS.

NOMS DE MATIÈRE, DE MESURE, DE DISTANCE, D'ESPACE.

Vas *ex auro*. — Velum longum *tres ulnas* ou
tribus ulnis[2]. — *Duobus digitis* major me
non es.

Le *nom* qui exprime la matière dont une chose est faite
se met à *l'ablatif* avec *e* ou *ex*[3]. — Le *nom* qui marque
la mesure ou la distance se met à *l'accusatif* ou à *l'ablatif* sans préposition. — S'il est précédé d'un *comparatif*,
il se met toujours à *l'ablatif*. — Le *lieu précis* où une
chose est arrivée se met à *l'ablatif* sans préposition, ou
à *l'accusatif* avec *ad*, et alors on se sert du nombre ordinal *primus, secundus, tertius*, etc.

1. Où, *quò*.
2. Il vaut mieux se servir de l'accusatif; les exemples
de l'ablatif sont fort rares.
3. On pourrait aussi du nom de matière faire un
adjectif qui s'accorde avec le *nom*. Un vase d'or, *vas aureum*; une statue d'airain, *signum æneum*.

THÈME 88.

Petite promenade au jardin des Tuileries.

Mon cousin, qui ne connaissait pas la ville de
Paris, a voulu visiter aujourd'hui le jardin des
Tuileries. La belle grille de fer, longue de plus
de deux mille pieds, a d'abord excité son admira-
tion. Les nombreuses statues de marbre et de
bronze lui ont fait aussi beaucoup de plaisir. Il
était assis dans la grande allée, lorsqu'il a vu des
jeunes gens pas plus grands que lui de trois doigts
se promener fièrement, la tête couverte de cha-
peaux hauts d'un pied, et dont les bords avaient
un pied et demi de circonférence ; tandis que [1]
leurs habits, d'un drap très-fin, étaient encore
plus courts d'un doigt que sa canne de jonc,
longue de deux pieds environ. Près de là, il a
remarqué deux femmes, dont la première avait un
voile de superbe dentelle, long de trois aunes et
large de deux ; la seconde portait un peigne d'or
enrichi de diamants.

[1]. Tandis que, *dum* avec le subjonctif.

NOMS DE L'INSTRUMENT, DE LA CAUSE, DE LA MANIÈRE, DE LA PARTIE, DU PRIX, DE LA VALEUR.

Ferire *gladio*. — *Fame* interiit. — Vincis *formâ*, vincis *magnitudine*. — Teneo lupum *auribus*. — Hic liber constat *viginti assibus*.

Le nom de l'*instrument* dont on se sert pour faire quelque chose, la *cause* pour laquelle elle se fait, la *manière* dont elle se fait, et le nom de la *partie*, se mettent à l'*ablatif* sans préposition. — Le nom qui marque le *prix*, la *valeur* de quelque chose, se met également à l'*ablatif* sans préposition.

THÈME 89.

Suite de la petite promenade aux Tuileries.

Ces deux femmes l'emportaient en beauté et en parure sur toutes les autres dames du jardin. Elles tenaient un petit enfant par la main et paraissaient très-orgueilleuses. Mon cousin fut curieux d'évaluer leurs ajustements. « Le voile de l'une, se dit-il à lui-même, a dû couter douze cents francs, la robe quatre cents, les autres colifichets deux mille ; le peigne, le collier et les bagues de sa compagne, six mille ; son châle et tout le reste, trois mille. Total, douze mille six cents francs. Et tant[1] de malheureux meurent de faim ! s'écria-t-il alors; tant de gens se frappent tous les jours de l'épée, du pistolet ou de quelque autre instrument de mort, pour se soustraire[2] à la misère qui les accable ! et tant.... ! » Il en aurait dit davantage; mais un des gardiens, l'ayant tiré tout doucement par le bras, l'avertit[3] d'aller philosopher ailleurs.

NOMS DE TEMPS.

Veniet *die dominicâ*. — Regnavit *tres annos* ou *tribus annis*.

Si l'on veut marquer quand une chose s'est faite ou se fera, *quando*, le *nom de temps* se met à l'*ablatif* sans préposition, et l'on se sert du nombre *ordinal*. — Quand on veut marquer combien de temps une chose a duré ou durera, *quandiu*, le *nom* de *temps* se met à l'*accusatif* ou à l'*ablatif* sans préposition, et l'on se sert du *nombre cardinal*.

THÈME 90.

Le malade.

Mon frère est tombé malade hier, vingt-quatre août mil huit cent quarante, à sept heures du

1. Tant, *tot.*
2. Pour se soustraire, *ut* avec le subjonctif.
3. L'avertit d'aller, *tournez*, qu'il allât, *ut iret.*

matin, et le médecin n'est arrivé qu'à[1] trois heures et demie du soir. Il a ordonné une potion que mon frère a prise à six heures, et une autre qu'il prendra aujourd'hui à onze heures. Sa fièvre a duré trois heures environ, et il en a dormi quatre assez tranquillement. Il avait déjà fait une maladie le mois dernier, mais elle n'avait duré que cinq jours. Celle-ci ne durera pas sans doute plus longtemps, et la semaine prochaine il pourra peut-être sortir avec nous. L'homme qui le soigne a étudié six mois la médecine; mais il avait déjà exercé son art quinze ou seize ans avant que nous nous servissions de lui.

Tertium annum regnat. — *Abhinc tribus annis* ou *abhinc tres annos* mortuus est. — Id fecit *tribus diebus.* — *Post tres dies* proficiscar.

Quand on veut marquer depuis quel temps une chose se fait, *a quo tempore*, le nom de temps se met à *l'accusatif*, et l'on se sert du nombre *ordinal* ou *cardinal.* — Si le temps est passé, et qu'il ne dure plus, on met le nom de temps à *l'accusatif* ou à *l'ablatif* avec *abhinc*, et l'on se sert du *nombre cardinal.* — Quand on veut marquer en quel espace de temps une chose se fait ou se fera, *quanto tempore*, le nom de temps se met à *l'ablatif.* — *Dans*, suivi d'un nom de temps, s'exprime par *post* avec *l'accusatif*, quand il peut se tourner par *après.*

1. Qu'à trois heures, tournez, est arrivé seulement à trois heures.

THÈME 91.

Les bâtiments.

Il y avait quatre ans que mon oncle avait hérité de son père, qui était mort depuis cinq ans, lorsqu'il a fait construire cette petite maison. L'architecte l'a terminée en six mois, et il y a environ deux ans que ce brave homme est mort. Il y avait bien des années qu'il était lié avec mon père, par l'ordre duquel il a construit la tour haute de cinq cents pieds, qui est un des principaux ornements de notre ville. Cet ouvrage admirable fut achevé en cinq ans et trois mois. Il y a trois ans que je ne l'ai vu, et je partirai dans huit jours pour le visiter. Il y a déjà deux ans que mes parents m'invitent à passer chez eux quelques jours; ils ne diront certainement pas que je leur suis importun [1].

NOMS DE LIEU.

QUESTION *Ubi*. — *Complément de* STATION.

Sum *in Galliâ*. — Natus est *Avenione*. — Habitat *Lugduni*. — Cœnabam *apud patrem*.

Quand on marque le lieu *où l'on est, où l'on fait quelque chose*, c'est la question *Ubi*.

1. Que je leur suis importun, *tournez*, moi être importun à eux.

5.

A la question *Ubi*, le nom *de lieu* se met à l'*ablatif* avec *in*. — On sous-entend la *préposition*, quand c'est un *nom propre de ville*. Si le *nom propre de ville* est au singulier et de la *première* ou de la *seconde* déclinaison, on le met au *génitif*, parce qu'on sous-entend *in urbe*. (Les noms *domus*, *humus*, se mettent aussi au *génitif*. On dit encore *militiæ*, *belli*, en temps de guerre, sous-entendu *tempore*.) Le nom de la personne se met à l'*accusatif* avec *apud*.

THÈME 92.

Le jardinier.

J'ai quelquefois du plaisir à questionner le jardinier de mon oncle, dans le jardin duquel je me promenais tout à l'heure. « Antoine, lui ai-je dit, pose à terre tes arrosoirs, et causons ensemble un moment. Depuis quand demeures-tu à Lisieux ? — Il y a cinq ans que je suis dans cette ville, et quatre ans que je travaille chez votre oncle. — Tu es né en France ? — Oui, monsieur, à Dijon ; j'y suis resté dix-sept ans, et comme nous étions en temps de guerre, j'ai quitté la France pour me soustraire à la conscription [1]. J'étais à Munich, en Bavière, lorsque mon père mourut. Je suis venu recueillir mon petit héritage ; peu de temps après, je me mariai à Lisieux, et depuis cette époque le bonheur semble fixé au logis. »

1. Pour me soustraire, *tournez*, afin que je ne donnasse pas mon nom pour la guerre, *ut non*, ou *ne*, avec le subjonctif.

QUESTION *Quò*. — *Complément de* TENDANCE.

Eo *in Galliam*. — Ibo *Lutetiam*. — Eo *ad patrem*, *ad sacram concionem*.

A la question *Quò*, le nom du lieu *où l'on va*… se met à l'accusatif avec *in*, quand on *entre* dans le lieu, et *ad* quand on ne *va qu'auprès*. — On sous-entend la *préposition* quand c'est un *nom propre de ville*, et devant *rus, domum*. (Si l'on se sert du verbe *petere* pour exprimer *aller*, on met toujours le nom du lieu à *l'accusatif* sans préposition : je vais au collége, *peto collegium*.) Le *nom* de la personne et celui de la chose se mettent à *l'accusatif* avec *ad*.

THÈME 93.

Suite du jardinier.

« Antoine, je n'approuve pas ta conduite : il eût été plus glorieux pour toi de prendre les armes pour défendre la patrie que de fuir en Allemagne : mais cela te regarde : poursuivons. Lorsque tu quittas la maison paternelle, où allas-tu d'abord? — J'allai à Besançon, ville célèbre par sa cathédrale ; ensuite je me rendis à Bâle, qui est la première ville de la Suisse, sur les frontières de la France. J'y séjournai environ quinze jours, pendant lesquels j'allai de temps à autre à la campagne, chez un des amis de mon père, qui me conduisit plusieurs fois au spectacle. Ayant quitté Bâle, je ne tardai pas à arriver au lac de Constance, entre la Suisse et l'Allemagne. Quelques jours après, j'entrai dans Kempten, où je trouvai un voiturier qui me transporta à Munich, chez le jardinier du palais, de qui j'étais attendu depuis dix jours. »

QUESTION *Unde*. — *Complément de* DÉPART.

La question *Unde* se connaît lorsque le verbe signifie *mouvement* pour partir ou venir de quelque lieu.

Redeo *ex Galliâ*. — Redeo *Lugduno*. — Venio *a patre*.

A la question *Unde*, le nom du lieu *d'où l'on part*, *d'où l'on vient*, se met à *l'ablatif* avec *e* ou *ex*. — On sous-entend la *préposition* quand c'est un *nom propre de ville*, et devant *rure*, *domo*. — Le *nom* de la personne et celui de la chose se mettent à *l'ablatif* avec *a* ou *ab*.

THÈME 94.

Suite du jardinier.

« Fort bien, Antoine, et tu ne t'es pas ennuyé en Bavière? — Nullement, monsieur; je liai amitié avec un jeune homme de la Moldavie, qui m'amusait beaucoup par ses récits. A Vienne, il avait vu l'empereur revenir d'une promenade sur les bords du Danube, et lui avait offert des pêches apportées de chez un maître qu'il servait dans cette ville. Le monarque, ayant tiré plusieurs pièces d'or de sa poche, les lui avait données de sa propre main. Une autre fois, il avait rencontré un homme de la Bohême nouvellement débarqué de la campagne, et qui sortait de la maison d'un des plus riches de la ville. Cet homme lui avait fait accroire mille mensonges. Un de nos compagnons qui venait de Hambourg.... — Antoine, tu me conteras tout cela un autre jour ; mais à présent dis-moi quelque chose de ton retour. »

QUESTION *Quà.* — *Complément de* PASSAGE.

Quand on marque le lieu *par où l'on passe*, c'est la question *Quà*.

Iter fecit *per Galliam.* — Iter faciam *per domum* avunculi mei.

Constiterunt *Corinthi, in loco* nobili. — Eo *Romam, in urbem* Italiæ. — Redeo *Lugduno, ex urbe* Galliæ. — Habitat *in urbe Lugduno.* — *In domo* Cæsaris, *in rure* amœno.

A la question *Quà*, tous les *noms* des lieux *par où l'on passe* se mettent à *l'accusatif* avec *per*. Quand on se sert de *transire*, on met *l'accusatif* sans *préposition.* — *Par chez*, avec un *nom de personne*, se tourne par *par la maison de*, et se dit en latin, *per domum.* — REMARQUE. Quand après un *nom propre de ville* se trouve le nom commun *ville, endroit*, on met d'abord le *nom propre* au *cas* marqué dans chaque *question*, mais on exprime la *préposition* devant le *nom commun.* — Si le mot *ville* est devant le *nom propre*, il faut exprimer la *préposition* et mettre le nom propre au *cas* de la *préposition.* — *Domus* et *rus*, suivis d'un *génitif* ou d'un *adjectif*, prennent la préposition.

THÈME 95.

Suite du jardinier.

« Avec plaisir, monsieur. Étant sorti de Munich, ville remarquable par le palais du roi, qui est magnifique, je passai par Ulm, ville de Souabe, sur les bords du Danube. De là je vins à Rastadt, château près de Bade, où la paix entre la France et l'Allemagne fut signée par le prince Eugène et par le maréchal de Villars, l'an 1714. Je m'arrêtai quelque temps à Strasbourg, ville célèbre par sa cathédrale, dont la tour est une des plus hautes de toutes celles de la France[1]. Ayant quitté cette capitale de l'ancienne Alsace, j'allai voir un de mes amis qui demeure dans la ville de Colmar. Je traversai seulement Vesoul, chef-lieu du département de la Haute-Saône, après quoi je passai par chez un de mes amis, qui habite un petit village au milieu d'une vallée délicieuse; après vingt jours de marche, j'arrivai à Dijon, d'où j'étais parti trois ans auparavant. »

1. De toutes celles, *tournez*, de toutes les tours.

SYNTAXE DES ADVERBES.

ADVERBES DE LIEU.

Voyez le tableau des Adverbes de lieu dans la Grammaire latine de Lhomond.

THÈME 96.

Suite du jardinier.

« Antoine, je suis satisfait ; mais nous devrions nous tenir ailleurs : le soleil est très-ardent là où tu es ; moi-même je ne peux plus le supporter ici où je suis, et en quelque lieu que nous allions, par quelque endroit que nous passions, il ne nous incommodera pas davantage. Nulle part je n'ai éprouvé une chaleur aussi forte. — Ceux qui restent au dedans peuvent encore s'en défendre ; mais nous, pauvres ouvriers, en été comme en hiver, nous devons toujours aller au dehors. — Pourquoi ne passerions-nous point par là, par le même endroit d'où tu sortais tout à l'heure ? D'ici où je suis, j'aperçois un ombrage charmant où le soleil ne saurait pénétrer de quelque endroit qu'il darde ses rayons. Viens avec moi, Antoine, et si nous ne sommes pas bien là[1], nous irons ailleurs. — Permettez[2] que je vide ici mes arro-

---

1. Si nous ne sommes pas, en latin, *si*, avec le futur. *Voy.* le thème 100.

2. Permettez que, en latin, *sine ut* avec le subjonctif.

soirs, et je vous rejoindrai, quelque part que vous alliez. »

THÈME 97.

Fin du jardinier.

« Eh bien ! Antoine, reprenons le fil de notre conversation. — Mes affaires étant terminées, je ne jugeai pas à propos de rester à Dijon. J'étais curieux de voir Paris, dont j'entendais parler depuis longtemps, quelque part que je fusse. Je vins d'abord à Semur ; puis, passant par Auxerre, Joigny, Sens et Melun, j'arrivai enfin dans cette ville immense, qui me parut encore plus belle que je ne croyais. J'y rencontrai un de mes compatriotes qui venait de Lyon et qui allait à Lisieux. Il m'engagea à le suivre. Nous vînmes ensemble à Mantes, et de là à Évreux. Je désirais beaucoup passer par Rouen, cette antique capitale de la Normandie, si célèbre par son commerce ; mais il ne voulut pas y consentir. Nous continuâmes donc notre route, et nous arrivâmes enfin dans cette ville, d'où je ne suis pas sorti depuis ce temps-là. » Mon oncle, qui revenait de la chasse, entra dans le jardin. Ayant entendu sa voix, je me séparai à regret de ce bon jardinier, à qui je donnai six francs pour le remercier de sa complaisance.

RÉGIME DES ADVERBES DE QUANTITÉ, DE TEMPS ET DE LIEU.

Parum *vini*. — Ubi *terrarum*. — Pridiè *calendarum*. — En, ecce *lupus*, etc.

Les adverbes de quantité, *parum*, *multùm*, *plus*, *minùs*, *satìs*, *nimis*, etc., gouvernent le *génitif*. — Les *adverbes* de temps et de lieu, *ubi*, *nusquam*, etc., gouvernent le *génitif*. — *Pridiè*, *postridiè*, veulent le *génitif* ou l'*accusatif*. — *En*, *ecce*, voici, voilà, veulent après eux le *nominatif* : on trouve aussi en poésie l'*accusatif*. — *Ergo* employé pour *causâ* veut le *génitif*, et se met après son *régime*. — *Instar*, comme, veut le *génitif*, et se met après son *régime*. — *Obviàm*, au-devant, veut le *datif*.

THÈME 98.

Aux jeunes gens.

Les jeunes gens, qui ont ordinairement moins de prudence que de présomption, se promettent toujours assez d'années, et nulle part ils ne songent à la mort, qui, comme le voleur guettant sa proie, va sans cesse au-devant d'eux et leur tend, hélas! trop de piéges. Pour l'amour d'eux, donnons-leur quelques[1] conseils. Insensés! en quel lieu du monde pourrez-vous dire : Voici un pays où la jeunesse ne craint pas la mort! Le lendemain de leur naissance, la plupart des enfants sont moissonnés par elle, et ceux à qui elle paraît accorder plus de jours ne sont pas moins

1. Quelques, *aliquot*.

exposés à ses coups[1]. La cruelle a plus de force que vous ne pensez; elle ne croit jamais immoler assez de victimes. Cependant elle épargne davantage ceux qui ont beaucoup de sobriété et de modération. Buvez donc peu de vin, ne désirez pas trop de mets, domptez vos passions, voilà le seul moyen de vivre longtemps sur la terre.

SYNTAXE DES CONJONCTIONS.

Quum Athenæ *florerent*. — Quum id *velis*. — Dum canis *ferret carnem*. — Clitellas dum *portem* meas.

Parmi les *conjonctions*, les unes gouvernent le *subjonctif*, les autres gouvernent l'*indicatif.*

Quum signifiant *lorsque* ne veut le *subjonctif* que devant l'*imparfait*. — *Quum* signifiant *puisque, vu que, comme*, régit toujours le *subjonctif*. — *Dum* signifiant *tandis que* ne veut le *subjonctif* que devant l'*imparfait*. — *Dum* signifiant *pourvu que, jusqu'à ce que*, veut toujours le *subjonctif*.

THÈME 99.

Sur la mort de Caton.

Les anciens se trompaient étrangement lorsqu'ils vantaient la mort de Caton comme un prodige de courage. Puisque notre âme est placée

1. A ses coups, *tournez*, aux coups d'elle.

dans notre corps comme dans un poste où elle doit rester jusqu'à ce que la Divinité lui ordonne d'en sortir, il n'était pas permis à ce Romain de quitter la vie, surtout lorsque sa patrie avait le plus grand besoin de lui. La mort ne l'effrayait pas, pourvu qu'il ne vît point César opprimer ses concitoyens ; mais, lorsqu'il se frappa de l'épée, Caton ne fut qu'un déserteur[1] orgueilleux, qui tournait le dos à l'ennemi, tandis qu'il était plus courageux de l'attendre de pied ferme et de lui résister.

Id si *faceres.* — Si *veneris*, pergratum mihi *feceris.* — Luce ut *quiescam.* — Ut *aiunt.* — Ut ab urbe *discessit.*

Si régit le *subjonctif* devant l'*imparfait* et le *plus-que-parfait.* — Quand après *si* il y a un second verbe au *futur*, on met bien le premier verbe au *même futur.* — *Ut* signifiant *afin que, pour*, gouverne toujours le *subjonctif.* — *Ut* signifiant *comme, de même que*, veut l'*indicatif.* — *Ut* signifiant *aussitôt que, dès que*, veut l'*indicatif.*

THÈME 100.

L'auteur aux élèves.

Jeunes gens, les règles de la syntaxe sont des guides sûrs, qui ne vous manqueront jamais, si vous ne vous lassez pas de les consulter. De même

----

1. Ne fut qu'un déserteur, *tournez*, ne fut rien autre chose que, *ou* fut seulement.

qu'une mère prudente tient d'abord son petit enfant par la lisière et l'abandonne ensuite peu à peu à lui-même, dès qu'elle le voit marcher d'un pas plus assuré, je me suis efforcé, au commencement de la carrière, d'éloigner les difficultés qui auraient pu vous rebuter dans la pratique de ces règles; mais insensiblement, comme l'ont toujours fait les maîtres sensés, j'ai placé à dessein quelques obstacles devant vous, pour vous accoutumer de bonne heure à les surmonter. Si mon livre peut vous être utile, je me croirai suffisamment récompensé de mes travaux[1]; mais si vous n'en retiriez aucun fruit, je me repentirais longtemps de l'avoir composé.

RÉCAPITULATION GÉNÉRALE.

THÈME 101.

L'écolier et le ver à soie.

Un de ces écoliers très-paresseux qui ne peuvent souffrir le travail ni les livres menait une vie fort triste. Le collége où il habitait lui paraissait une véritable prison, et lorsqu'il aurait dû rendre grâce à ses parents, il les accusait d'injustice et d'inhumanité. Ce petit garnement avait un ver à soie, ses seules délices et son seul

1. *Tournez*, je croirai avoir reçu une assez grande récompense de....

amusement. Un jour, comme il le voyait filer sa coque : « J'admire ta folie, dit-il ; pourquoi t'enfermes-tu toi-même de la sorte ? quel plaisir y a-t-il dans une prison ? Si tu y avais déjà langui deux ans comme moi, tu ne serais pas toi-même l'artisan de ton propre malheur. » Le ver à soie lui répondit avec sagesse : « A la vérité, je construis sans cesse les murs de ma prison, mais bientôt je recevrai la récompense de mon travail et de ma solitude. Je ne serai plus un vil insecte forcé à ramper ; mais, changé en un beau papillon, je m'élèverai au plus haut des airs. »

Jeunes gens, vous comprendrez facilement le sens de cette fable. Le travail n'est jamais sans récompense ; mais un enfant qui passe dans la paresse les premières années de sa vie sera toujours le dernier des hommes.

THÈME 102.

Sur les différents caractères des enfants.

Le caractère vif brille comme le feu qui s'enflamme aussitôt qu'il s'est attaché à une matière combustible. Si vous ne modérez son ardeur, bientôt il se consume, et l'État perd un citoyen utile. La nonchalance croupit dans une honteuse oisiveté ; il faut la presser de l'aiguillon. Un caractère lent veut être attendu : il avance tout doucement, à la vérité, mais du moins il ne se ralentit jamais, et personne n'ignore ce que peut un travail opiniâtre. Vous trouverez des jeunes gens plus légers que le papillon, qui voltige sans cesse de fleur en fleur et ne se repose jamais assez longtemps sur chacune pour qu'il puisse en exprimer le suc. Ceux-ci ressemblent au vif-argent, dont la mobilité doit être fixée, de sorte que rien ne s'évapore de sa vertu.

THÈME 103.

Suite.

Il appartient à un maître habile de captiver leur attention; et alors ils paraîtront faire de bon gré ce qu'ils ne font réellement qu'à contre-cœur. Quelques-uns regardent le bien et le mal avec indifférence; ils s'inquiètent peu des éloges et des punitions. Voilà cette terre froide, odieuse aux laboureurs et qui exerce si longtemps la vigueur de nos bras. Que dirai-je de cette gaieté pétulante, dont la gravité même de Caton ne saurait modérer les excès? Que dirai-je aussi de cet air sombre auprès duquel le rire n'oserait jamais aborder? Les contraires, comme on dit, sont guéris par les contraires. Faites sortir ceux-ci de leur engourdissement, et réprimez la vivacité des autres.

THÈME 104.

Suite.

Il ne manque pas non plus de ces esprits précoces qui ne sont pas plus durables que les fruits dont ils tirent leur nom. Ils ressemblent à ces parfums délicats dont l'odeur fine s'évapore aussitôt qu'elle est sentie. La vanité des parents est la seule cause de ce mal. Insensés! ils veulent recueillir des fruits avant la saison des fleurs. Pour se glorifier d'avoir mis au monde un prodige, ils fatiguent une victime innocente par une application continuelle; ils l'écrasent même sous le poids du travail. Or, qu'arrive-t-il de là? Le corps ne peut soutenir l'activité des opérations de l'esprit. Quelle lumière jetteront dans leur midi ces soleils si brillants à leur aurore? aucune.

FIN DES THÈMES.

DICTIONNAIRE

DE TOUS LES MOTS FRANÇAIS

CONTENUS

DANS LE COURS DE THÈMES.

—tient lieu du mot qui fait le sujet de l'article.

(*q. q.*, *q. ch.*) signifient *quelqu'un*, *quelque chose*, et indiquent le régime ou complément direct du verbe.

(*à*) (*de*) seuls ou suivis de (*q. q.*) ou de (*q. ch.*) indiquent le régime ou complément indirect du verbe.

(*d. t. g.*) signifient *de tout genre.*

nom. nominatif.
g. génitif.
dat. datif.
acc. accusatif.
abl. ablatif.
inf. infinitif.

m. masculin.
f. féminin.
dép. déponent.
n. neutre.
adv. adverbe.
prép. préposition.
conj. conjonction.
int. interjection.
ind. indéclinable.
comp. composé.
sing. singulier.
pl. pluriel.
imp. impersonnel.
quest. question.
dir. direct.
indir. indirect.
compar. comparatif.
superl. superlatif.

ABA

A. Voyez la gram., *régime indir. des verbes ; quest.* ubi, quò ; *prép.* a, e, ex, *abl.*

Abandonner, deser-ere, o, is, u-i, t-um. *acc.* ; relinqu-ere, o, is, reliqui, re-lict-um. *acc.* ; derelinqu-ere. *comp. acc.* — (*à*), permi-ttere, tto, ttis, s-i, ss-um. *dat.*

Abattre, dejic-ere, io, is,

ABS

dejec-i, deject-um. *accus.*

Abattu (être), confic-i, ior, eris, confect-us sum. *pass. abl.*

Abondant, uber (*d. t. g.*), *g.* ris.

Abord (*d'*), primò, primùm. *adv.*

Aborder (*à*), appell-ere, o, is, appul-i, appuls-um, ad, *acc.*

Absence, *f.* absenti-a, æ. *f.*

Absenter (*s'*), ab-esse, sum, es, fu-i. *n.* — (*de*), *abl.* *avec* a *ou* ab.

Absolument, prorsus. *adv.*

Absoudre, absolv-ere, o, is, i, absolut-um. *acc.* — (*d. q. ch.*) *gén.* ou *abl.*

Accabler, prem-ere, o, is, press-i, press-um. *acc.* — (*écraser*), obru-ere, o, is, i, t-um, *acc.*

Accompagner, comit-ari, or, aris, at-us sum. *dép.* *acc.*

Accorder, conced-ere, o, is, concess-i, concess-um, *acc.*

Accoutumé, assuet-us, a, um, *g.* i. — *à. dat.*

Accoutumer, assuefac-ere, io, is, assuefec-i, fact-um. *acc.* (*à q. ch.*) *dat.* ou *acc.* *avec* ad.

Accroire (*faire*) *mille mensonges*, mille centonibus farc-ire, io, is, fars-i, fart-um. (*à q. q.*) *acc.*

Accusation, *f.* crim-en, inis. *n.*

Accuser, insimul-are, o, as, av-i, at-um ; accus-are, o, as, a-vi, at-um, (*q. q.*) *acc.* (*de q. ch.*) *g.* ou *abl.* — *de et l'inf.* argu-ere, o, is, i, t-um. *inf.*

Acharné, infest-us, a, um. *g.* i.

Acheter, em-ere, o, is, i, empt-um. *acc.*

Achever, perfic-ere, io, is, perfec-i, t-um. *acc.*; ad finem perduc-ere, o, is, perdux-i, perduct-um. *acc.*

Acquérir, acquir-ere, o, is, acquisi-vi, t-um. *acc.*; adipisc-i, or, eris, adept-us sum. *dép.* *acc.*; consequ-i, or, eris, consecut-us sum. *dép.* *acc.*

Acteur, *m.* actor, is. *m.*

Actif, ac-er, ris, e. *g.* ris.

Action, *f.* fact-um, i. *n.* *Belle* —, nobile, egregium, præclarum facin-us, oris. *n. Mauvaise* —, turpe —.

Activité, *f.* (*des opérations de l'esprit*), vividi mentis impet-us, uum. *m. plur.*

Adieu, vale. *Dire* —, valedic-ere, o, is, valedix-i. (*à q. q.*) *dat.*

Admettre, admitt-ere, o, is, admis-i, s-um. *acc.* — *à sa table*, mensæ suæ adhib-ere, eo, es, u-i, it-um. *acc.*

Admirable, mirabil-is, is, e. *g.* is.

Admirer, mir-ari, or, aris, at-us sum. *dép.* (*q. q.*) *acc.*

Adonné, dedit-us, a, um. *g.* i. (*à*), *dat.*

Adorer, ador-are, o, as, av-i, at-um. *acc.*

Adresse, *f.* solerti-a, æ. *f.* industri-a, æ. *f.*

Affaire, *f.* re-s, i. *f.* negotium, i. *n.*

Affreux, horribil-is, is, e. *g.* is; horrid-us, a, um. *g.* i.

Afrique, *f.* Afric-a, æ. *f.*

Age, *m.* æta-s, tis. *f. Jeune* —, ætas juvenil-is.

Agir, ag-ere, o, is, e-gi, act-um. *acc. Manière d'* —, agendi ratio, nis. *f.*

Agneau, *m.* agn-us, i. *m.*

Agréable, grat-us, a, um. *g.* i; jucund-us, a, um.

g. i; amœn-us, a, um.
g. i; suav-is, is, e. *g.* is.

Agréablement, eleganter,
adv. Très —, pereleganter.

Agrément, *m.* gaudi-um, i.
n.

Ah ! heu ! proh ! *interj.*

Aiguillon, *m.* stimul-us, i.
m. acule-us, i. *m.*

Aile, *f.* a-la, æ. *f.*

Ailleurs (*avec tendance*),
aliò ; (*avec résidence*),
alibi. *adv.*

Aimable, amabil-is, is, e.
g. is.

Aimer, dilig-ere, o, is, di-
lex-i, dilect-um. *acc.*
am-are, o, as, av-i, at-um.
acc.; *— mieux*, mal-le,
o, ma-vis, mal-ui. *Il aime
à rire*, eum juvat ridere.

Ainsi, sic, ita. *adv.* hoc
modo.

Air, *m.* aer, is. *m.* aur-a,
æ. *f.* *— sombre*, tristis
severita-s, tis, *f.*

Aise (*à son*), commodè.
adv.

Ajouter, add'-ere, o, is,
id-i, it-um. *acc.* — (*parler*), subjic-ere, io, is,
subjec-i, subject-um. *acc.*

Ajustement, *m.* ornament-
um, i. *n.*; cult-us, ûs, *m.*

Alexandre, *m.* Alexand-er,
ri. *m.*

Alexandrie, *f.* Alexandri-a,
æ. *f.* *d'* —, Alexandrin-
us, a, um, *g.* i.

Aliment, *m.* aliment-um, i.
n.

Allemagne, *f.* Germani-a,
æ. *f.*

Aller, ire, eo, is, iv-i,
it-um. *n.*; pet-ere, o, is,
iv-i, it-um. (*dans*) *acc.*

S'en —, ab-ire, eo, is,
ii *ou* iv-i, it-um. — *voir*,
invis-ere, o, is, i, um. *acc.*

Allez, age, agite. *interj.*

Allié, affin-is, is, e. *g.* is.
(*à*) *g.* *ou dat.*

Allons ! courage ! eia, agite.
interj.

Allumer, succend-ere, o,
is, i, succens-um, *acc.*;
accend-ere, o, is, i, ac-
cens-um. *acc.* (*à*), ex.
abl.

Allure, *f.* ingress-us, ûs.
m.

Alors, tum, tunc. *adv.*

Alsace, *f.* Alsaci-a, æ. *f.*

Amasser, collig-ere, o, is,
colleg-i, collect-um. *acc.*
— des trésors immenses,
auri argentique acervos
conger-ere, o, is, con-
gess-i, congest-um.

Ambitieux, ambitios-us, a,
um. *g.* i.

Ambition, *f.* ambitio, nis,
f.

Ambroisie, ambrosi-a, æ,
f. *D'* —, ambrosi-us, a,
um. *g.* i.

Ame, *f.* anim-a, æ. *f.* anim-us, i. *m.*

Ami, *m.* amic-us, i. *m.*;
Amie, amic-a, æ. *f.*

Amitié, *f.* amiciti-a, æ. *f.*
Lier —, amicitias con-
jung-ere, o, is, conjunx-
i, conjunct-um.

Amour, *m.* amor, is, *m.*
Pour l' — de vous, tui
ergo.

Amphore, *f.* amphor-a, æ.
f.

Ample, ampl-us, a, um.
g. i.

Amusement, *m.* delectament-
um, i. *n.*

Amuser, oblec-tare, o, as, av-i, at-um. *Le jeu l'amuse*, ludus eum juvat.

An, *m.* ann-us, i, *m.*

Ancien, antiqu-us, a, um. g. i; vet-us, *d. t. g.* eris. *superl.* veterrim-us, a, um. g. i. *Les* —, veter-es, um. *m. pl.*

Ane, *m.* asinus, i. *m.*

Anglais, *m.* Angl-us, i. *m.*

Animal, *m.* animal, is. *n.*

Année, *f.* ann-us, i. *m.*

Annibal, Annibal, is. *m.*

Antiquité, *f.* antiquita-s, tis. *f.*

Antoine, Antoni-us, i. *m.*

Août, mensis august-us, i. *m.*

Apercevoir, animadvert-ere, o, is, i, animadvers-um; adspic-ere, io, is, adspex-i, adspect-um. *acc.*; cern-ere, o, is, crevi, cret-um.

Apostropher, compell-are, o, as, av-i, at-um. *acc.*

Appareil, *m.* apparat-us, us, *m.*

Appartenir, esse, sum, fui, (*à*) gén., ou pertin-ere, et, uit. *imp.* (*à*), ad. *acc. Il appartient à un roi*, est regis. *Il m'* —, meum est. *Ce qui m'* —, quod meum est.

Appel, *m.* provocatio, nis. *f. Sans* —, sine ullâ provocatione.

Appeler, voc-are, o, as, av-i, at-um. *acc.* — (*nommer*), nomin-are, o, as, av-i, at-um. *acc. S'* —, dic-i, or, eris, dict-us sum. *pass.*

Applaudir, plaud-ere, o, is, plaus-i, plaus-um. *n. dat. S'* —, sibi plaud-ere (*de q. ch.*) *acc.*

Application continuelle, *f.*

laboris diuturnita-s, tis. *f.*

Apporter, affer-re, o, s, attul-i, allat-um. *acc.* defer-re, o, s, detul-i, delat-um.

Apprécier, æstim-are, o, as, av-i, at-um. *acc.*

Apprendre (*par cœur*), disc-ere, o, is, didic-i, discit-um. *acc.* — (*connaître*), cognosc-ere, o, is, cognov-i, cognit-um (*q. ch.*) *acc.* (*de q. q.*) ab. *abl.* — (*instruire*), edoc-ere, eo, es, ui, t-um. (*q. ch. à q. q.*) aliquem aliquid —.

Approche, *f.* appropinquatio, nis, *f.*; advent-us, ûs. *m.*

Approcher, acced-ere, o, is, access-i, um. *n.* (*de*) ad. *acc.*

Approuver, prob-are, o, as, av-i, at-um. *acc. Être* —. prob-ari, or, aris, at-us sum, *pass.* (*de*) *dat.*

Après, post. *prép. acc.*

Après que, quum, *subj.* postquam, *ind.* — *quoi*, postea. *adv. Peu* —, paulò post. *adv.*

Aquilon, *m.* Aquilo, nis. *m.*

Araignée, *f.* arane-a, æ. *f.*

Arbre, *m.* arbor, is. *f.* — *d fruit*, — pomifera. *Vieux* —, antiqua —.

Arc, *m.* arc-us, ûs. *m.* — *de triomphe*, — triumphal-is, is.

Architecte, *m.* architect-us, i. *m.*

Ardent, arden-s, *d. t. g.* gén. tis. — (*vif*), ac-er, ris, e. g. ris.

Ardemment, ardenter. *adv.*

Ardeur, *f.* feivor, is. *m.* —
(*zèle*), studi-um, i, *n.*

Argent, *m.* (*monnaie*), pe-
cuni-a, æ. *f.* (*métal*), ar-
gent-um, i. *n.* *Vif* —,
vivum argentum.

Aristide, *m.* Aristid-es, is.
m.

Armée, *f.* exercit-us, ûs. *m.*

Armes, *f. pl.* arm-a, orum.
plur. n.

Arracher, erip-ere, io, is,
u-i, erept-um, *acc.* (*à q.
q.*) *dat. ou* a, ab, *abl.*

Arrêter (*saisir*), compre-
hend-ere, o, is, i, com-
prehens-um. *acc.* *S'* —,
consist-ere, o, is, constit-
i, um. *n.*

Arriver (*en parlant des
personnes*), adven-ire, io,
is, i, t-um. *n.* — *à*, per-
ven-ire, *comp.*; (*en parlant
des événements*), accid-ere,
it. *imp.* *Être* —, acci-
disse, (*à*) *dat.* *Il arrive*,
evenit. *Le temps arrivera*,
tempus eveniet.—*dans un
lieu*, locum attin-gere, o,
is, attig-i, attact-um.

Arrosoir, *m.* alveol-us, i.
m.

Arsenic, *m.* arsenic-um, i.
n. *Plein d'* —, arsenico
refert-us, a, um. *g. i.*

Art, *m.* ar-s, tis. *f.*

Artisan, *m.* opif-ex, icis.
m.

Asie, *f.* Asi-a, æ. *f.*

Assaisonnement, *m.* condi-
ment-um, i. *n.*

Assez, satis. *adv.*

Assiéger, obsid-ere, eo, es,
obsed-i, obsess-um. *acc.*

Assistant, adstan-s, d. t. g.,
gén. tis.

Assister (*être présent à*),

ad-esse, sum, est, fui. *n.
dat.*

Assurance, *f.* fiduci-a, æ.
f. audaci-a, æ. *f.*

Assuré, firm-us, a, um. *g. i.*

Assurément, profecto. *adv.*

Astucieux, astut-us, a, um.
g. i.

Athènes, *f.* Athen-æ, arum.
f. pl.

Athénien, Atheniens-is, *m.
f. e. n. g.* is.

Attaché (*être*) adhær-ere,
eo, es, adhæs-i, um. *à,
dat.*

Attaque, *f.* impet-us, ûs. *m.*

Attaquer, aggred-i, ior,
eris, aggress-us sum. *dép.
acc.*

Attendre, exspect-are, o, as,
av-i, at-um. *acc.*, (*de*) a,
ab, *abl.* *Être réservé* (*à*),
man-ere, eo, es, s-i, s-um.
n. acc. — *q. q. de pied
ferme*, aliquem in ipso
vestigio exspectare.

Attention, *f.* attentio, nis. *f.*

Attentivement (*avec attention*), attenté. *adv.*

Attirer (*s'*), mer-eri, eor,
eris, itus sum. *dép. acc.*

Aucun, ullus, a, um. *g.* ius.
— *de*, nem o, inis.—(*ne*),
null-us, a, um. *g.* ius.

Audace, *f.* audaci-a, æ. *f.*

Augmenter, aug-ere, eo, es,
aux-i. auct-um. *acc.*

Aujourd'hui, hodie, *adv.*

Au moins, saltem. *adv.*

Aune, *f.* uln-a, æ. *f.*

Auparavant, antea. *adv.*

Auprès, ad, prope. *prép.
acc.*

Aurore, *f.* auror-a, æ. *f.*

Aussi quoque, etiam. *adv.*
— (*c'est pourquoi*), ita-
que. *conj.*

Aussitôt, statim , extemplo.
adv. — *que*, statim ut
veut l'indic.

Autant, tantùm. *adv.*

Autel, m. ar-a, æ. *f.*

Auteur, m. auctor, is. *m.*

Autre , alter, a , um. *g.* ius ;
al-ius, a, ud. *g.* ius. *L'un
et l'autre*, ut-erque, ut-
raque, ut-rumque, *g.* riusque. *Ni l'un ni l'autre*,
neut-er, ra, rum. *g.* rius.
Tout autre, quivis *ou* quilibet alius. *Les autres*, ceter-i , æ, a. *g.* orum. *plur.*

Autrefois , olim, quondam.
adv. Une—, aliàs.

Autrement, aliter. *adv.*

Auxerre (*ville de France*),
m. Autissiodor-um, i. *n.*

Avancer, progred-i, ior, eris,
progress-us sum.

Avant que, antequam, priusquam. *indic. et subj.*

Avantage, m. commod-um,
i. *n.*

Avantageux, commod-us , a,
um. *g.* i. *Il est —*, expedit. *imp.*, (*à*) *dat.*

Avantageusement, commodè.
adv.

Avec, cum. *prép. abl.—moi*,
mecum. *—toi*, tecum. *—
soi ou lui*, secum. *plur.*
nobiscum, vobiscum.

Avénement, m. (*au trône*),
principat-ûs initi-um, i.
*n. Avant mon avénement
au trône*, antequam principatum inirem.

Avertir, mon-ere, eo , es,
u-i, it-um. (*q. q.*) *acc.* (*de
q. ch.*) *g. ou de abl. Il
l'avertit d'aller*, tournez
qu'il allât, ut iret admonuit. Certiorem fac-ere,
io ; is, fec-i , fact-um.

Avide, avid-us, a , um. *g.* i.

Avis , m. consili-um, i. *n.*

Aviser (*s'*), sibi in animum
induc-ere, o , is, indux-i ,
induct-um.

Avoir, hab-ere, eo , es, ui,
it-um. *acc.* — *se tourne
par être, et se rend par*
esse, sum, es, fui. *J'ai
un arbre*, tournez *un arbre est à moi*, arbor est
mihi.

Avouer, fat-eri , eor, eris,
fass-us sum. *dép. acc.*

B.

Babil, m. loquacita-s, tis. *f.*

Babillard, loqua-x , d. t. *g.*,
gén. cis.

Bade (*ville d'Allemagne*),
Bad-a , æ. *f.*

Badiner, nug-ari, or, aris,
at-us sum. *dép.*

Bague, *f.* annul-us, i. *m.*

Bâle (*ville de Suisse*), Basile-a , æ. *f.*

Baleine, *f.* balæn-a, æ. *f.*

Barbare, barbar-us , a , um.
g. i ; imman-is, is, e. *g.* is.

Barreaux, m. *plur.* cancelli , orum. *m. plur.*

Basse-cour, *f.* chor-s , tis.
f.

Bataille , *f.* pugn-a , æ. *f.
Perdre la —*, e prœlio inferior disced-ere, o , is,
discess-i , um. *Gagner la
—*, victoriam report-are ,
o , as, av-i , a-tum.

Bâtiment, m. ædifici-um, i. *n.*

Bâtir , ædific-are , o , as,
a-vi , at-um. *acc. Il avait
fait —*, jusserat ædificari.

Bâton, m. fust-is, is. *m.*

Battre (*secouer*), excut-ere,
io , is, excuss-i , um. *acc.*

(*frapper*), cæd-ere, o, is, cecid-i, cæs-um. *acc.*

Battu (*de la tempête*), procellâ jactat-us, a, um. *g.* i.

Baudet, *m.* asell-us, i. *m.*

Bavard, e, *m. f.* loqua-x, *d. t. g. gén.* cis.

Bavière, *f.* Bavari-a, æ. *f.*

Beau, pulch-er, ra, rum. *n.* i. *comp.* rior, us. *sup.* errim-us, a, um; venust-us, a, um. *g.* i.

Beaucoup, multùm. *adv.* (*un grand nombre*), mult-i, æ, a. *Devant plus* ou *moins*, multò, magnopere. *adv.*

Beauté, pulchritud-o, inis. *f.*

Belette, *f.* mustel-a, æ. *f.*

Bénévent (*de*), Beneventin-us, a, um. *g.* i.

Béni, benedict-us, a, um. *g.* i. (*de*) a. *abl.*

Berger, *m.* pastor, is. *m.*

Besançon, Vesuntio, nis. *m.*

Besoin, *m.* op-us, eris. *n.* *J'ai* — *de*, tournez — *est à moi de*, opus est mihi. *abl. Les besoins de la vie*, vitæ necessari-a, *g.* orum. *plur. n.*

Bête, *f.* besti-a, æ. *f.*

Bien, rectè, bene, meliùs, optimè. *adv. Très* —, graphicè. *adv. Eh!* —, euge! *interj.* — (*beaucoup*), multùm. *Devant un nom de choses qui se comptent*, mult-i, æ, a; plurim-i, æ, a.

Bien (*le*), bon-um, i. *n.*

Bienfait, *m.* benefici-um, i. *neut.*

Bienfaiteur, *m.* bene merit-us, i, (*de*) de *abl.*

Biens (*richesses*), op-es, um. *f. plur.*

Bientôt, mox, brevi. *adv.*

Biscuit, *m.* copt-a, æ. *f.*

Bizarre, vari-us, a, um, *g.* i.

Blâmable, vituperabil-is, is, e. *g.* is; vituperand-us, a, um. *g.* i.

Blâmer, vituper-are, o, as, av-i, at-um. *acc.* —, *tourner à défaut à q. q.*, vitio alicui vert-ere, o, is, i, vers-um. (*q. ch.*) *acc.*

Blanc, alb-us, a, um. *g.* i.

Blé, *m.* frument-um, i. *n.*; tritic-um, i. *n.*

Bocage, *m.* nem-us, oris. *n.*

Bœuf, *m.* bo-s, vis. *m. g. pl.* boum, *dat. et abl.* bobus.

Bohême, *f.* Bohemi-a, æ. *f. de Bohême*, bohemius, a, um, *ou* bohem-us, a, um.

Boire, bib-ere, o, is, i, it-um. *acc.*

Bon, bon-us, a, um, *g.* i. — (*distingué*), exìmi-us, a, um. *g.* i.

Bonheur, *m.* felicita-s, tis. *fem.*

Bonhomie, *f.* summa bonita-s, tis. *f.*

Bonté, *f.* bonita-s, tis. *f.*

Bord, *m.* (*d'une rivière*), rip-a, æ. *f.* — *d'un chapeau*, marg-o, inis. *m.*

Botte, *f.* ocre-a, æ, *f.*

Bouclier, *m.* scut-um, i, *n.*

Bourdonner, bomb-um emitt-ere, o, is, emis-i, s-um. — *aux oreilles*, ad aures.

Bras, *m.* brachi-um, i. *n.*

Brave (*homme*), optim-us vir, i. *m. Braves gens*, bon-i, orum. *s.-ent.* homines.

Brebis, *f.* ov-is, is. *f.*

Brigand, *m.* prædo, nis. *m.* latro, nis. *m.*

Brillant, corusc-us , a , um.
g. i.

Briller, emic - are , o , as ,
u-i. *n.* — *par*, emin-ere ,
eo , es , ui. *abl.*

Briser, frang-ere , o , is ,
freg-i, fract-um. *acc.* dis-
jic-ere , io , is , disjec-i ,
disject-um. *acc.*

Broche, *f.* veru , *n. ind. au
sing.*, *d. pl.* verubus.

Bronze , *m.* æ-s , ris. *n.*

Butin, *m.* præd-a, æ. *f.*

C.

Cacher , abscond-ere , o , is ,
i , it-um. *acc.* — *q. ch. à
q. q.*, aliquid ab oculis
alicujus avert-ere , o , is ,
i , avers-um. *Étre caché* ,
lat-ere, eo , es, ui. *n.*

Cachette (*en*) , clam. *adv.*
furtim. *adv.*

Cadavre, *m.* cadaver, is. *n.*

Calamité , *f.* calamita-s, tis.
f.

Cambyse, *m.* Cambys-es, is. *m.*

Campagne, *f.* ru-s , ris. *n.*

Canne, *f.* bacul-us , i. *m.*

Canton, *f.* regio, nis. *f.*

Capitale , *f.* cap-ut , itis. *n.*

Captiver , allig-are , o , as ,
av-i, at-um. *acc.*

Car, nam, namque. *conj.*

Caractère , *m.* indol-es , is ,
f. —*lent*, tardita-s , tis. *f.*

Caresser, bland-iri , ior, iris,
it-us sum. *dép.*—*q. q. dat.*

Carnage, *m.* cæd-es, is. *f.*

Carrière , *f.* curricul-um, i.
*n. Au commencement de
la* —, ineunte curriculo.

Carthaginois, carthaginien-
s-is, *m. f.* e. *n. g.* is. *Les*—,
Pœn-i, orum. *m. pl.*

Cathédrale , *f.* ecclesi-a ca-
thedralis. *f.*

Caton , *m.* Cato, nis. *m.*

Cause, *f.* caus-a , æ. *f. A*—
de, causâ *ou* ergo, *g.* ob *ou*
propter. *acc.*

Causer (*parler*), garri-re ,
o , is , iv-i *ou* ii, t-um. *n.*
—(*procurer*) affer-re, o, s,
attul-i , allat-um. *acc.* — ,
tournez *être à*, esse , sum ,
es , fui, *avec deux datifs.*

Ce, cet, *pron.* hic , hæc ,
hoc. *g.* hujus, *ou* ille, illa ,
illud. *g.* illius.

Céder, conced-ere , o , is ,
concess-i, um. *acc.*

Cela, illud. *g.* illi-us; id,
g. ejus ; hoc. *g.* hujus.

Célèbre , celeb-er , ris , re.
g. is.

Célébrer, celebr-are , o , as ,
av-i , at-um, *acc.*

Celer, cel-are , o , as , av-i ,
at-um (*q. ch.*) *acc.* (*à
q. q.*) *acc.*

Celui, is , ea , id. *g.* ejus.
Celui-ci, hic , hæc , hoc.
g. hujus. — -*là*, il-le , la ,
lud. *g.* illius ; hicce , hæc-
ce , hocce. *g.* hujusce.

Cent, centum. *ind. Deux
cents*, ducent-i , æ , a.
Quatre cents, quadrin-
gent-i , æ , a. *Huit cents*,
octingent-i , æ , a. *Huit-
centième*, octingentesim-
us , a , um. *g.* i.

Cependant, tamen ; attamen,
*conj. Ce dernier mot ne se
met qu'au commencement
d'une phrase.*

César, *m.* Cæsar, is. *m.*

Certain, cert-us, a , um. *g.* i.
minimè dub-ius , a , um.
g. i. *Un*—, quidam , *g.*
cujusdam.

Certainement, profectò. *adv.*
certè. *adv.*

Cesse (sans), indesinenter. *adv.* perpetuò. *adv.*

Chacun, quisque, quæque, quodque. g. cujusque. *En parlant de deux*, uterque, utraque, utrumque. g. utr-iusque, *ou* ambo. g. amb-orum.

Chagrin, *m.* mœror, is. *m.*

Chaîne, *f.* caten-a, æ. *f.*

Chair, *f.* car-o, n-is. *f.*

Châle, *m.* maximum strophi-um, i, *n.*

Chaleur, *f.* calor, is. *m.* æst-us, ûs. *m.* — *forte*, æstus vehemens.

Champ, *m.* ag-er, ri. *m. Sur le* —, statim, extemplo, illico. *adv.*

Changer, mut-are, o, as, av-i, at-um.—*en*, in. *acc.*

Chant, *m.* cant-us, ûs. *m.*

Chanter, can-ere, o, is, cecin-i, cant-um. *acc.*

Chapeau, *m.* petas-us, i. *m.*

Char, *m.* curr-us, ûs. *m.*

Chardon, *m.* cardu-us, i. *m.*

Charge, *f.* on-us, eris. *n.*

Chargé, *f.* onust-us, a, um. g. i.

Charger (se), suscip-ere, io, is, suscep-i, t-um. — *de*, *acc.*

Charmant, amœn-us, a, um. g. i; jucundissim-us, a, um. g. i.

Charmes. (cela a des — pour moi), id me juvat. *imp.* de juv-are, o, as, juv-i, ju-tum.

Chasse, *f.* venatio, nis. *f.*

Chassé, expuls-us, a, um. g. i. *(de)* abl.

Chasser (aller à la chasse), ven-ari, or, aris, atus sum. *dép.*

Chasseur, *m.* venator, is. *m.*

Chat, *m.* fel-es, is. *m.*

Château, *m.* castell-um, i. *n.*

Châtier, castig-are, o, as, av-i, at-um. *acc.*

Châtiment, *m.* supplici-um, i. *n.*

Chatte, *f.* fel-es, is. *f.*

Chaud (le), *m.* calor, is. *m.*

Chemin, *m.* it-er, itiner-is. *n.* vi-a, æ. *f.*

Chêne, *m.* querc-us, ûs. *f.*

Cher, car-us, a, um. g. i. — *à*, dat.

Chercher, quær-ere, o, is, quæsiv-i, quæsit-um. *acc.* — *partout*, quærit-are, o, as, av-i, at-um. *acc.*

Chéri, dilect-us, a, um. g. i.

Cheval, *m.* equ-us, i. *m.*

Chez, apud. *prép. acc. quand il y a résidence;* ad. *acc. quand il y a tendance.*

Chien, *m.* can-is, is. *m.*

Choisir, elig-ere, o, is, eleg-i, electum. *acc.*

Choix, *m.* delect-us, ûs. *m. Faire un bon* —, bonum delectum habere.

Chose, *f.* re-s, i. *f. Quelque* —, aliquid. *Une* — unum.

Christ, Christ-us, i, *m.*

Ciel, *m.* cœl-um, i. *n.; plur.* cœl-i, orum. *m.*

Cicéron, Cicero, nis. *m.*

Cigale, *f.* cicad-a, æ. *f.*

Ciguë, *f.* cicut-a, æ. *f.*

Cinéas, Cine-as, æ. *m.*

Cinq, quinque, *ind.*—*cents*, quingent-i, æ, a.

Cinquième, quint-us, a, um. g. i.

Circonférence, *f.* orb-is, is. *m. Avoir un pied et demi de* —, sesquipedem orbe collig-ere, o, is, colleg-i, collect-um.

Cire, *f.* cera, æ. *f.* De —, cere-us, a, um. *g.* i.

Cirer, incer-are, o, as, av-i, at-um. *acc.*

Citadelle, *f.* ar-x, c-is. *f.*

Citoyen, *m.* civ-is, is. *m.*

Classe, *f.* schol-a, æ. *f.*

Clef, *f.* clav-is, is. *f.*

Clémence, *f.* clementi-a, æ. *f.*

Cœur, *m.* cor, d-is. *n.*

Colère, *f.* ir-a, æ. *f.* Se mettre en —, irasc-i, or, eris, irat-us sum.—*contre* q. q. alicui.

Colifichets, *m.* nug-æ, arum. *f. pl.*

Collége, *m.* collegi-um, i. *n.*

Collier, *m.* torqu-es, is, *ou* torqu-is, is. *m.*

Colmar (ville de France), Colmari-a, æ. *f.*

Combat, *m.* pugn-a, æ. *f.*; prœli-um, i. *n.*

Combattre, pugn-are, o, as, av-i, at-um.

Combler, cumul-are, o, as, av-i, at-um. (*q. q.*) *acc.* (*de q. ch.*) *abl.*

Combustible, arid-us, a, um. *g.* i.

Comédie, *f.* comœdi-a, æ. *f.* spectacul-um, i. *n.*

Commander, imper-are, o, as, av-i, at-um. *acc.*

Comme, quum, *veut le subj.* ut, *l'ind.* —, *de même que*, quemadmodum, seu. —, *de même*, veluti. — *moi*, haud secus ac ego. — *il vous plaira*, ut tibi libuerit. — *un voleur*, latronis instar.

Commencer, incip-ere, io, is, incep-i, t-um. *acc.*

Commencement, *m.* initi-um, i. *n.*

Comment, quomodo, qui, *adv.*

Commerce, *m.* commerci-um, i. *n.*

Commun, commun-is, is, e. *g.* is.

Communion (sainte), sacrum Christi corp-us, oris. *n.* Sacrum epul-um, i. *n.*

Compagne, *f.* com-es, itis. *f.*

Compagnie, *f.* societa-s, tis. *f.*

Compagnon, *m.* (*de voyage*), itineris soci-us, i. *m.* —, com-es, itis. *m.*

Compatriote, *m.* popular-is, is. *m.*

Complaisance, *f.* obsequenti-a, æ. *f.*

Complaisant, obsequen-s, d. t. g., gén. tis.

Composer, compon-ere, o, is, compos-ui, it-um. *acc.* — *un ouvrage*, librum *ou* opus scrib-ere, o, is, scrips-i, script-um.

Composition (*action de composer*), scriptio, nis. *f.*

Comprendre, intellig-ere, o, is, intellex-i, intellect-um. *n. acc.*

Concert, *m.* concent-us, ûs. *m.*

Concitoyen, *m.* civ-is, is. *m.*

Condamner, damnare, o, as, av-i, at-um. (*q. q.*) *acc.* (*à*) ad. *acc.*; *gén.* ou *dat. sans prép.* — *à mort*, capite addic-ere, o, is, addix-i, addict-um. *acc.* *Etre condamné à*, *avec un verbe*, jub-eri, eor, eris, jussus sum. *infin.*

Condé (*le prince de*), princeps Condæ-us, i. *m.*

Conduire, duc-ere, o, is, dux-i, ct-um. *acc.* — *à*, ad. *acc.* —, *transporter*, asportare, o, as, av-i, at-um. *acc.*

Conduite, *f.* agendi ratio, nis. *f.*

Confesseur, *m.* pœnitentiæ sacramenti administ - er, ri. *m.*

Confiance, *f.* fiduci-a, æ.*f.* fide-s, i. *f.*

Confié, credit-us, a, um. *g.* i. (*à*) *dat.*

Confier, committ-ere, o, is, commis-i, sum. *acc.* cred-ere, o, is, idi, it-um. *acc.*

Confitures, *f.* pom-a, orum, saccharo condit-a, orum. *n.*

Connaissance, *f.* notio, nis. *f.*

Connaître, cognosc-ere, o, is, cogn-ovi, it-um. *acc.* de ou *par*, ex. *abl.* nov-isse, i. — *à fond*, penitus cognitum hab-ere, eo, es, u-i, it-um.

Conquérant, *m.* (*dompteur de nations*), gentium domitor, is. *m.*

Conscience (*en*), bonâ fide.

Conscription, *f.* nomen militiæ *ou* bello datum. *n.*

Conseil, *m.* consili-um, i. *n.*

Conseiller, suad-ere, eo, es, suas-i, um. (*q. q.*) *acc.* (*à q. q.*) *dat.*

Consentir (*à une chose*), rem comprob-are, o, as, av-i, at-um.

Conserver, serva-re, o, as, av-i, a-tum. *acc.*

Considérable, ingen-s, d. t. *g.* tis; insign-is, is, e; grand-is, is, e. *g.* is.

Conspirer, conspir-are, o, as, av-i, at-um. — *contre* q. q.) in. *acc.*

Consoler, consol - ari, or, aris, at-us sum. *dép. acc.*

Constance (*lac de*), Constantiensis lac-us, ûs. *m.*

Construire, ædific-are, o, as, av-i, at-um; exstru-ere, o, is, x-i, ct-um. *acc.* *Faire* —, ædificari jub-ere, eo, es, juss-i, um.

Consulter (*les livres*), libros ad-ire, eo, is, ii *ou* iv-i, it-um.

Consumer (*se*), dissip-ari, or, aris, at-us sum. *v. pass.*

Contempler, contempl-ari, or, aris, at-us sum. *dép. acc.* intu-eri, eor, eris, it-us sum. *dép. acc.*

Content, content-us, a, um. *g.* i. *abl.*

Contenter, satisfac-ere, io, is, feci, fact-um. (*q. q.*) *dat.*

Conter (*raconter*), narr-are, o, as, av-i, at-um. *acc.*

Continuer, perg-ere, o, is, perre-xi, perrect-um. *acc.*

Contraire, contrari-us, a, um. *g.* i. *Au* —, e contrario; contrà. *adv.*

Contre, adversùs. *prép. acc.*

Contre-cœur (*à*), invit-us, a, um. *g.* i.

Contrée, *f.* regio, nis. *f.*

Convaincre, convinc-ere, o, is, convic-i, t-um. (*q. q.*) *acc.* (*de q. ch.*), *abl.* ou *g.*

Convenir (*être convenable*) dec-ere, et, uit. *imp. à* *acc.*

Convive, *m.* conviv-a, æ. *m.*

Coq, *m.* gall-us, i. *m.*

Coque, *f.* follicul-us, i. *m.*

Coquille, *f.* test-a, æ. *f.*

Coquin, *m.* balatro, nis. *m.*

Coriolan, Coriolan-us, i. *m.*
Corps, *m.* corp-us, oris. *n.*
Correct, emendat-us, a, um. g. i.
Correcteur, *m.* plagos-us, i. *m.*
Corriger, castig-are, o, as, av-i, at-um. *acc.* Se—, se ad meliorem frugem recipere, io, is, recep-i, t-um.
Côte (rivage), litt-us, oris. *n.*
Côté (de l'autre), trans. *prép. acc.*
Couché, recuban-s, d. t. g. tis.
Couleur, *f.* color, is, *m.*
Coup, *m.* ict-us, ûs. *m.*
Coupable, nocen-s, d. t. g. tis ; son-s, tis.
Courage, *m.* fortitud-o, inis. *f.* ; anim-us, i. *m.* ; virt-us, utis. *f.*
Courageusement, fort-iter. *adv.* iùs, issimè.
Courageux, fort-is, is, e. g. is.
Courir, curr-ere, o, is, cu-curri, curs-um. *n.*
Courroux, *m.* ir-a, æ. *f.*
Court, brev-is, is, e. g. is ; curt-us, a, um. g. i.
Courtisan, *m.* aulic-us, i. *m.*
Cousin, *m.* consobrin-us, i. *m.*
Cousine, *f.* consobrin-a, æ. *f.*
Coûter, const-are, o, as, it-i, um. *n.*
Coutume, mo-s, ris. *m.* *Ils avaient* —, iis in more fuit.
Couvert, opert-us, a, um. g. i.
Couverture, *f.* toral, is. *n.*
Couvrir (se), obru-i, or, eris, t-us sum. *abl.*

Craindre, tim-ere, eo, es, ui. *acc.*
Crainte, *f.* met-us, ûs. *m.* ; formid-o, inis. *f.* ; timor, is. *m.*
Créateur, *m.* creator, is. *m*
Créature, *f.* animan-s, d. t. g. tis.
Cri, *m.* clamor, is. *m.*
Crime, *m.* scel-us, eris. *n.* *Faire un*—, vitio vert-ere, o, is, i, vers-um. (*de q. q. ch.*) acc. (*à q. q.*) dat. ; crim-en, in-is. *n.*
Criminel, scelest-us, a, um, g. i ; son-s, tis ; perfid-us, a, um. g. i.
Croire, cred-ere, o, is, id-i, it-um. *acc.*
Croupir, marcesc-ere, o, is, ui. *n.*.
Cruauté, *f.* crudelita-s, tis. *f.*
Cruel, crudel-is, is, e. g. is ; imman-is, is, e. g. is.
Cueillir, leg-ere, o, is, i, lect-um. *acc.*
Cuisinier, *m.* coqu-us, i. *m.*
Cultivateur, *m.* cultor, is. *m.*
Curieux (qui désire), cupid-us, a, um. g. i.
Curiosité, *f.* curiosita-s, tis. *f.*
Cynique, cynic-us, a, um. g. i.

D.

D'abord. Voy. *Abord.*
Dame, *f.* matron-a, æ. *f.*
Danger, *m.* pericul-um, i. *n.*
Dangereux, metuend-us, a, um. g. i.
Dans, in, *avec tendance*, acc.; *avec résidence*, abl.

Danse, *f.* saltatio, nis. *f.*

Danser, saltit-are, o, as, av-i, at-um. *n.*

Danube, *m.* (*fleuve d'Allem.*), Danubi-us, i. *m.*

Dard, *m.* acul-eus, ei. *m.*

Darder, emitt-ere, o, is, emis-i, s-um. *n.*

Davantage, plus, magis, ampliùs. *adv.* plura, *sousent.* verba *ou* negotia.

Débarqué, appuls-us, a, um. g. i. *Nouvellement* —, recens. d. t. g. tis.

Débauche, *f.* comessatio, nis. *f.*

Débauché, dissolutu-s, a, um. g. i.

Décider, labantem allic-ere, io, is, allex-i, allect-um.

Découvrir, deteg-ere, o, is, detex-i, detect-um. acc.

Décrit, descript-us, a, um. g. i. *Très-bien* —, graphicè descriptus.

Dédaigner, dedign-ari, or, aris, at-us sum. *dép.*

Dedans, intus, *prép. acc.* Voyez *les adverbes dans les questions de lieu.*

Déesse, *f.* de-a, æ. *dat. et abl. plur.* deabus.

Défaut, *m.* viti-um, i. *n.*

Défendre, defend-ere, o, is, i, defensum. *acc.* — (*protéger*), tue-ri, or, ris, tuit-us sum. *dép. acc. Se* —, se defendere.

Défenses (*du sanglier*), *f.* dent-es, ium. *m.*

Défunt, defunct-us, a, um. g. i.

Dégoûtant, fastidios-us, a, um. g. i.

Dehors, foras. *adv. Au* —, extrinsecus. *Voy. les adv. aux questions de lieu.*

Déjà, jam. *adv.*

Delà (*au*), trans. *acc.*

Délicat, delicat-us, a, um. g. i; mollicul-us, a, um. g. i; subtil-is, is, e. g. is.

Délices, *f.* delici-æ, arum. *f. plur. Ses seules délices*, unicæ ejus deliciæ. *Vivre dans les* —, luxuri-are, o, as, avi, at-um.

Délicieux, jucundissim-us, a, um. g. i.

Délit, *m.* delict-um, i. *n.*

Délivrer, exim-ere, o, is, exem-i, exempt-um. (*q.q.*) *acc.* (*de q. q. ch.*) ab. *abl.* ou *abl. s. prép.* liber-are, o, as, av-i, at-um.

Demander, pet-ere, o, is, iv-i, it-um. (*q. ch.*) *acc.* (*à q. q.*) ab. *abl.*

Demeurer, man-ere, eo, es, s-i, s-um; habit-are, o, as, av-i, at-um. — (*séjourner*), commor-ari, or, aris, at-us sum. — *dans*, in. *abl.*

Demi, dimidi-us, a, um. g. i.

Démocrite, *m.* Democrit-us, i. *m.*

Démon, *m.* dæmon, is. *m.*

Dent, *f.* den-s, tis. *m. Mettre sous la* —, dente ter-ere, o, is, triv-i, trit-um. *Montrer les* —, minari dentes.

Dentelle, *f.* denticulatum text-um, i. *n.*

Département, *m.* provinci-a, æ. *f.*; præfectur-a, æ. *f.*

Dépenser (*faire les dépenses*), sumptus ag-ere, o, is, eg-i, act-um.

Déplorable, miserand-us, a, um. g. i.

Dépouiller, nud-are, o, as, avi, at-um ; spoli-are, o, as, avi, at-um. (*q. q.*) *acc.* (*de q. ch.*) *abl.*

Depuis, a *ou* ab. *prép. abl.* — *ce temps*, ab illo tempore. — *longtemps*, jam pridem. *adv.* e *ou* ex. *pr. abl.*

Dernier, ultim-us, a, um. *g.* i. *En ne parlant que de deux :* posterior, is. — (*le plus vil*), abjectissim-us, a, um. *g.* i.

Dérober, subduc-ere, o, is, subdu-xi, subduct-um. (*q. ch.*) *acc.* (*à q. q.*) *dat.*

Derrière, ultra. *acc.* post. *prép. acc.*

Désagréable, molest-us, a, um. *g.* i. injucund-us, a, um. *g.* i.

Désert, desert-us, a, um. *g.* i.

Déserteur, m. desertor, is. *m.*

Désir, m. cupid-o, inis. *f.* cupidit-as, atis. *f.*

Désirable, optand-us, a, um. *g.* i.

Désirer, appet-ere, o, is. iv-i, it-um. *acc.* cup-ere, io, is. *acc.* av-ere, eo, es. *n. Qui*—, cupid-us, a, um. *g.* i.

Désireux, cupid-us, a, um. *g.* i.

Désobéissant, inobsequen-s, d. t. *g.* tis.

Désolé, luctu perdit-us, a, um. *g.* i.

Dès que, ut, statim ut. *veut l'ind.*, ubi ; ubi semel. *Dès à présent*, jam nunc.

Dessein, m. consili-um, i. *n. A*—, de industriâ.

Destruction, f. exiti-um, i. *n.*

Déterminer (*décider*), induc-ere, o, is, indux-i, induct-um.

Détestable, detestand-us, a, um. *g.* i.

Détester, detest-ari, or, aris, at-us sum. *dép. acc.* ; odisse, odi, odisti, odit, os-um.

Détourner, deduc-ere, o, is, dedux-i, deduct-um. (*q. q.*) *acc.* (*de q. ch.*) ab. *abl.* ; retrah-ere, o, is, retrax-i, retract-um. (*de*) ab. *abl.* ; deterr-ere, eo, es, u-i, it-um. (*de*) ab. *abl.*

Détrôner, regno detrud-ere, o, is, detrus-i, detrus-um. *acc.*

Détruire (*faire mourir*), enec-are, o, as, av-i *et* u-i, at-um *et* t-um. *acc.*

Deux, duo, æ, o. *Tous les* —, amb-o, æ, o ; ut-erque, raque, rumque. *g.* utriusque. — *cents*, ducent-i, æ, a. —*fois*, bis.

Devant (*en présence*), coram, *abl. Au* —, obviàm, *adv. dat.* —, ante. *prép. acc.*

Devenir, fi-eri, o, is, fact-us sum. *pass.* de facio. *Que deviendrons - nous ?* quid fiet de nobis ?

Devoir, m. offici-um, i. *n.*

Devoir, deb-ere, eo, es, ui, it-um. *acc. Dû*, debit-us, a, um. *g.* i.

Dévorer, vor-are, o, as, av-i, at-um. *acc.* Devor-are. *comp. acc. Des friandises à* —, suavissimum aliquid devorandum.

Diamant, m. adama-s, ntis. *m.*

Dieu, *m.* De-us, i. *m. Plaise à—*, utinam. *adv. De—*, divin-us, a, um.

Différemment, aliter. *adv. Bien—*, longè aliter.

Différent, vari-us, a, um. g. i.

Difficile, difficil-is, is, e. g. is. — *à, supin en* u.

Difficulté, *f.* difficulta-s, tis. *f.*

Difforme, deform-is, is, e. g. is.—(*de corps*), distort-us, a, um. g. i.

Digne, dign-us, a, um. g. i. *abl.*

Dijon, *m.* Divio, nis. *m.*

Diligence, *f.* diligenti-a, æ. *f.*

Diligent, diligen-s, d. t. g. tis; sedul-us, a, um, g. i.

Dîner, *m.* prandi-um, i. *n.*

Dîner, prand-ere, eo, es, i, prans-um. *n. Faire un — délectable*, jucundissimè prandere.

Diogène, *m.* Diogen-es, is. *m.*

Dire, dic-ere, o, is, dix-i, dict-um. (*q. ch.*) acc. (*de q. q.*) de. *abl.* ; loqu-i, or, eris, locut-us sum. *dép. acc. Dit-il*, inquit. *Dites-vous*, inquitis.

Discours, *m.* oratio, nis. *f.* —(*conversation*), sermo, nis. *m.* — (*mauvais propos*), dicteri-um, i, *n.*

Disposé, parat-us, a, um. g. i. à, ad. *acc.*

Dissimulation, *f.* dissimulatio, nis. *f.* ; frau-s, dis. *f.*

Dissipation, *f.* oblectatio, nis. *f.*

Dissolu, *f.* dissolut-us, a, um. g. i.

Divinité, *f.* num-en, inis. *n.* ; de-us, i. *m.*

Dix, decem. *indécl.* — *sept*, septemdecim. *indécl.*

Dixième, decim-us, a, um. g. i.

Dogue, *m.* moloss-us, i. *m.*

Doigt, *m.* digit-us, i. *m.*

Domestique, *m.* famul-us, i. *m.* ; serv-us, i. *m.*

Dompter, dom-are, o, as, u-i, it-um. *acc. — ses passions*, turbatos animi motus cohib-ere, eo, es, ui, it-um.

Donc, igitur ; ergo. *conj.*

Donner, d-are, o, as, ed-i, at-um. (*q. ch.*) acc. (*à q. q.*) dat. — *du secours*. Voy. Secourir. — *des préceptes*, præcepta trad-ere, o, is, id-i, it-um.

Dont, après un nom singul. cujus. *Après un nom plur.* m. ou n. quorum ou *l'abl.* Voy. *la Grammaire.*

Dormir, dorm-ire, io, is, iv-i, it-um. *n.*

Doucement (*tout*), lentè. *adv.* ; leviter. *adv.*

Douceur, *f.* mansuetudo, inis. *f.* ; lenita-s, tis. *f.*

Doué, prædit-us, a, um. g. i. *abl.*

Douleur, *f.* dolor, is. *m.*

Doute, *m.* dubi-um, i. *n. Sans —*, sine dubio ; haud dubiè ; sanè ; profectò.

Doux (*de caractère*) ; mitis, is, e. g. is ; mansuet-us, a, um. g. i. — *agréable*, suav-is, is, e. g. is ; dulcis, is, e. g. is. à q. q. ou *pour q. q.* dat.

Douze, duodecim. *indécl.* —*cents*, mille et ducent-i, æ, a, g. orum.

Drap, *m.* (*étoffe*) pann-us, i. *m. — très-fin*, — tenuissimæ texturæ.

Droit, m. ju-s, ris. n. User
  de son —, jus suum ten-
  ere, eo, es, u-i, t-um.
Duc, m. du-x, cis. m.
Dur, dur-us, a, um. g. i.
Durable, diuturn-us, a, um.
  g. i.

E.

Eau, f. aqu-a, æ. f.
Ebranlé, commot-us, a, um.
  g. i. abl.
Echapper, effug-ere, io, is,
  i, it-um. n. —au danger,
  effugere periculum.—, en
  parlant des choses, excid-
  ere, o, is, i. n. *Son nom*
  m'est échappé, ejus nomen
  mihi excidit.
Eclater (de rire), risu dis-
  sil-ire, io, is, u-i, dissult-
  um.
Eclos, e, expans-us, a, um.
  g. i.
Ecolier, m. discipul-us, i.
  m.
Econome, parc-us, a, um.
  g. i.
Ecorce, f. cort-ex, icis, m.
Ecouler (s'), efflu-ere, o, is,
  x-i, x-um. n.
Ecouter, aud-ire, io, is,
  iv-i, it-um. acc. — (*faire*
  attention), attend-ere, o,
  is, i, attent-um.
Ecraser, obru-ere, o, is, i,
  t-um. acc.
Ecrier (s'), exclam-are, o,
  as, av-i, at-um. n.
Ecrire, scrib-ere, o, is,
  scrips-i, script-um. (q.
  ch.) acc. (à q. q.) dat.
  ou ad. acc.
Ecrouler (s'), corru-ere, o,
  is, u-i, t-um. n.
Ecu, m. numm-us, i. m.

Edifice, m. æd-es, is, f.,
  ædifici-um, i. n.
Education, f. institutio,
  nis. f.
Effet (en), reipsa, revera,
  enimvero. conj.
Efforcer (s'), con-ari, or,
  aris, at-us sum. dép.; cert-
  are, o, as, av-i, at-um.
Effrayer, terr-ere, eo, es,
  u-i, it-um. acc.
Effronté, impuden-s, d. t.
  g. tis.
Egal, æqual-is, is, e. g. et
  dat.
Egalement, pariter. adv.
Egarement, m. imprudenti-
  a, æ. f.
Eglise, f. ecclesi-a, æ, f.
Egoïste, m. sui unicè et ni-
  miò plus am-ans, d. t. g.
  antis.
Egypte, f. Ægypt-us, i. f.
Egyptien, m. Ægyptius, i, m.
Eh bien! eheus!
Elément, m. element-um,
  i. n.
Elève, m. discipul-us, i. m.
  alum-nus, i. m.
Elevé, sublim-is, is, e. g.
  is. *Bien —*, liberaliter edu-
  cat-us, a, um. g. i.
Elever (s'), surg-ere, o, is,
  surrex-i, surrect-um.—au
  plus haut des airs, subli-
  mes in auras surgere.
Eloge, m. lau-s, dis. f.
Eloigné (être), dist-are, o,
  as, n. ab-esse, sum, fui.
  (*de q. q.*) ab. abl.
Eloigner, remov-ere, eo,
  es, i, remot-um. (q. q.)
  acc. (de q. ch.) ab. abl.
  repell-ere, o, is, repul-i,
  s-um. acc., de. ab. abl. S'—,
  reced-ere, o, is, recess-i,
  um. (de q. ch.) ab. abl.

proced-ere, o, is, pro-
cess-i, um. (*de*), ab. *abl.*

Embaumer (*les morts*),
mortuorum corpora con-
d-ire, io, is, iv-i, it-
um.

Emerveiller (*s'*), mir-ari,
or, aris, at-us sum. *dép.*
acc.

Emmener, abduc-ere, o, is,
abdux-i, abduct-um. *acc.*

Emparer (*s'*), pot-iri, ior,
iris, it-us sum. *dép. abl.*
— *par les armes*, armis
occup-are, o, as, av-i,
at-um. *acc.*

Empereur, *m.* imperator,
is. *m.*

Empire, *m.* imperi-um, i.
n.

Emploi, *m.* offici-um, i.
n.

Employer, adhib-ere, eo,
es, u-i, it-um. *acc.* — *le*
temps, tempus consum-
ere, o, is, ps-i, pt-um.

Emplumé, pennat-us, a,
um. g. i.

Emporter (*l'*), *sur q. q.*
par q. ch. aliquem aliquâ
re vinc-ere, o, is, vic-i,
t-um; præst-are, o, as,
it-i, it-um. *dat. Emporter*
q. ch. aufer-re, o, s, abstul-i, ablat-um. *acc.*

Empressement, *m.* studi-
um, i. *n.*

Emprisonner, in carcerem
ou in carcere includ-ere,
o, is, inclus-i, um. *acc.*

Emprunter, mutu-ari, or,
aris, at-us sum. *dép.* (*q.*
ch.) *acc.* (*à*), ab. *abl.*

En, in. *acc. ou abl. selon*
qu'il y a mouvement ou
non. Voy. *les questions de*
lieu. En lui-même, in-
tra se, secum reputans.

Enée, *m.* Æne-as, æ. *m.*

Enclin, procliv-is, is. e. g.
is. à, ad. *acc.*

Encore, adhuc. *adv.* —
(*aussi*), quoque. *conj.*

Endroit, *m.* loc-us, i. *m.*
De quelqu' —, *par quel-*
qu' —. Voy. *les adv. des*
questions de lieu.

Enfant, *m.* puer, i. *m. Pe-*
tit —, puerul-us, i. *m.*
Les —, liber-i, orum. *m.*
plur. Ce dernier mot est
plus usité lorsqu'il est
rapproché des mots père
ou mère.

Enfantement, *m.* part-us, ûs,
dat. pl. partubus. *m.*

Enfer, *m.* infer-i, oram. *m.*
pl.

Enfermer, includ-ere, o,
is, inclus-i, um. *acc.*
(*dans*), in. *abl. S'* —, se
includere.

Enfin, tandem. *adv.*

Enflammer (*s'*), flammam
concip-ere, io, is, concep-
i, t-um.

Engager, induc-ere, o,
is, indux-i, induct-um
acc. (*à q. ch.*) ad. *acc.*,
invit-are, o, as, av-i,
at-um. *acc.* ad. *acc.*

Engendrer, procre-are, o,
as, av-i, at-um. *acc.*

Engourdissement, *m.* veter-
n-um, i. *n.*

Enlever, aufer-re, o, s,
abstul-i, ablat-um. *acc.*

Ennemi (*de guerre*), *m.*
host-is, is. *m.* — (*particu-*
lier), inimic-us, i. *m.* infens-us, a, um. g. i. *dat.*

Ennui, *m.* tædi-um, i. *n.*

Ennuyer (*s'*), tæd-ere, et,
uit. *imp.* (*de*) gén.

Ennuyeux, molest-us, a,
um. g. i.

Enorme, enorm-is, is, e. g. is.

Enormité, *f.* atrocita-s, tis. *f.* —, (*grandeur*), immensit-as, tis. *f.*

Enrichi (orné), distinct-us, a, um. g. i. *abl.*

Enrichir (s'), ditesc-ere, o, is, *n.* — (*orner*), exorn-are, o, as, av-i, at-um. *acc.*

Ensemble, simul, unà. *adv.*

Entendre, aud-ire, io, is, iv-i, it-um. *acc.* — (*comprendre*), intellig-ere, o, is, intellex-i, intellect-um. *acc.*

Enterrer, inhum-are, o, as, av-i, at-um. *acc.*

Entier, integ-er, ra, rum, g. ri ; solid-us, a, um. g. i ; tot-us, a, um. g. ius.

Entourer, cing-ere, o, is, cin-xi, cinct-um. *acc.*

Entrée, f. adit-us, ûs. *m. A l' — de la vie*, ineunte vitâ.

Entreprendre, suscip-ere, io, is, suscep-i, tum. *acc.* — *de longs voyages*, longinquas profectiones in-gred-i, ior, eris, ingress-us sum. *dép.*

Entreprise (nouvelle), f. novum consili-um, i. *n. Méditer une* —, consilium agit-are, o, as, av-i, at-um.

Entrer, ingred-i, ior, eris, ingress-us sum. *dép.* — *dans un lieu*, in. *acc.* (*On peut supprimer la préposition.*)

Envers, in. *acc. ;* erga. *acc.*

Envie, f. studi-um, i. *n.* (*désir*), cupidit-as, tis. *f. ;* cupid-o, inis. *f. J'ai*

— *de*, mihi in animo est. *inf.*

Environ, circiter. *acc. Aux* —, circa, *prép. acc.*

Envoyer, mitt-ere, o, is, mis-i, sum. (*q. ch.*) *acc.* (*à q. q.*) *dat.* ou ad. *acc.*

Épaule, f. humer-us, i, *m. Charger sur ses* —, humeris impon-ere, o, is, impos-ui, it-um. *acc.*

Épargner, parc-ere, o, is, peperc-i, parcit-um. *n.* (*q. q.*) *dat.* —(*q. q.*) ab aliquo abstin-ere, eo, es, ui, abstent-um.

Épée, f. gladi-us, i. *m. ;* ens-is, is. *f.*

Épicure, m. Epicur-us, i. *m.*

Épire, Epir-us, i. *m. Les Épirotes.* Epirot-æ, arum. *m. plur.*

Époque, f. temp-us, oris. *n. Depuis cette* —, ab illo tempore.

Époux, m. spons-us, i. *m.* marit-us, i. *m.*

Éprouvé, spectat-us, a, um. g. i.

Éprouver (sentir), sent-ire, io, is, sen-si, um. *acc.*

Esclave, m. serv-us, i. *m. Être* —, serv-ire, io, is, ii, it-um. *n. ;* inservire. *comp. dat.*

Esculape, m. Esculapi-us, i. *m.*

Espagnol, m. Hispan-us, i. *m.*

Espèce, f. (*une*) gen-us, eris, quoddam. (*de*), g.

Espérer, sper-are, o, as ; av-i, at-um. *acc.*

Esprit, m. ingeni-um, i. *n.* men-s, tis. *f.*

Essayer, tent-are, o, as, av-i, at-um. *acc.*

Est-ce que? num ? *adv. interrog.*

Et, *conj.* et; atque ; ac; que, *et... ne*, nec, *et tu*, tu autem.

Etat, *m.* regn-um, i. *n.*; patri-a, æ. *f.*

Eté, *m.* æsta-s, tis. *f.*

Etendue, *f.* immensita-s, tis. *f.* — *d'eaux*, tract-us, ûs, aquarum.

Eternel, sempitern-us, a, um. *g.* i; ætern-us, a, um, *g.* i.

Etonné, attonit-us, a, um. *g.* i. (*de*) *abl.;* mirat-us, a, um. *g.* i. *acc.* *Etre —de q. ch.* mir-ari, or, aris, at-us sum. *acc.*

Etourdiment, *adv.* inconsiderat-è, *adv.* iùs, issimè.

Etrangement, *adv.* graviter.

Etrangler, strangul-are, o, as, av-i, at-um. *acc.*

Etre, esse, sum, fu-i. *C'est à moi*, est meum.

Etre (l') suprème, *m.* supremus rerum arbit-er, ri. *m.*

Etude, *f.* studi-um, i. *n.*

Etudier, stud-ere, eo, es, ui. *n.* (*sans supin*), (*q. ch.*) *dat.* — *le caractère*, ingenium explor-are, o, as, av-i, at-um.

Eugène, *m.* Eugen-ius, i. *m.*

Evaluer, pretium statu-ere, o, is, i, t-um. (*q. ch.*) *gén. m. à m. Etablir le prix de.*

Evaporer (s'), diffug-ere, io, is, it-um; evanesc-ere, o, is, evanu-i.

Evénement, *m.* event-us, ûs. *m.*

Evreux, *m.*(*ville de France*),

Ebroic-æ, arum. *f. plur.*

Exactement, sedulò. *adv.*

Examiner, pensit-are, o, as, av-i, at-um. *acc.*

Excellent, egreg-ius, a, um. *g.* i. —, optim-us, a, um, *g.* i.

Excès, *m.* impet-us, ûs. *m.*

Exciter, incit-are, o, as, av-i, at-um. *acc.* (*à q. ch.*) ad. *acc.;* concit-are, o, as, av-i, at-um; impell-ere, o, is, impul-i, s-um; excit-are, o; movere, veo, ves, vi, t-um, *acc.* hort-ari, or, aris, at-us sum. *dép.—à*, ad. *acc.*

Exécuter, exsequ-i, or, eris, exsecut-us sum. *dép. acc.*

Exemple, *m.* exempl-um, i. *n.*

Exercer, exerc-ere, eo, es, u-i, it-um. *acc.* — *la patience*, patientiam tentare, o, as, av-i, at-um.

Exercice, *m.* exercitatio, nis. *f.*

Exhorter, hort-ari, or, aris, at-us sum. *dép.* (*q. q.*) *acc.* (*à q. ch.*) ad. *acc.*

Exil, *m.* exsili-um, i. *n.*

Exploit, *m.* pulchr-um facin-us, oris. *n.*

Exposé (être), esse obnoxi-us, a, um. *g.* i. (*à q. ch.*) *dat.* — *à la vue*, sit-us, a, um. *g.* i, in oculis.

Exprimer, exprim-ere, o, is, express-i, um. *acc.*

Extraordinaire, singular-is, is, e. *g.* is; insolit-us, a, um. *g.* i.

Extrême, summ-us, a, um. *g.* i; spectat-us, a, um. *g.* i.

F.

Fable, *f.* fabul-a , æ. *f.* —
(*histoire fabuleuse*), fabu-
laris histori-a , æ. *f.*

Fâché, irat-us , a , um. g. i.
Etre —, dol-ere, eo, es ,
u-i , it-um. *n.* (*d. q. ch.*)
acc. ; pig-ere , et , uit.
imp. gén.

Fâcher (*se*), irasc-i , or,
eris , at-us sum. *dép.* —
contre q. q. dat.

Facile, facil-is , is , e. g. i.
dat. ; sup. facillim-us , a ,
um. g. i.

Facilement, facil-è, iùs, limè
adv.

Faible, debil-is , is , e. g.
is ; imbell-is , is. e. g.
is.

Faiblesse (*de caractère*),
f. nimia facilita-s , tis.
f.

Faim, *f.* fam-es , is. *f. Pres-*
sé par la —, fame coact-
us, a , um. g. i. *Mourir*
de —, fame inter-ire , eo ,
is , ii , it-um.

Faire, fac-ere, io , is , fec-
i, fact-um ; ag-ere, o , is ,
eg-i, act-um. *acc. ;* confic-
ere, io , is , confec-i , t-
um. (*q. ch.*) *acc.* — *un*
crime, crimini d-are , do ,
as , ded-i , dat-um. (*de*
q. ch.) *acc.* (*à q. q.*) *dat.*
Cherchez les autres mots
joints au verbe Faire.

Falloir, oport-ere , et , uit.
imp. et l'inf. ou ut , *et le*
subj.

Fameux, insign-is , is , e.
g. is.

Famille, *f.* famili-a , æ. *f.*
Père de —, pater familias.
Déclinez seulement pater.

Famine, *f.* fame-s , is. *f.*

Fatigue, *f.* fatigatio, nis,
f. ; labor, is. *m.*

Fatigué, fess-us , a, um. g.
i. *abl.*

Fatiguer, fatig-are, o , as ,
av-i , at-um. *acc. Se* —,
se macer-are, o , as, av-i ,
at-um.

Faveur, *f.* benefici-um , i.
n.

Favoriser, fav-ere, eo , es ,
i , faut-um. *n.* (*q. q.*) *dat.*

Fécond, fecund-us , a , um.
g. i ; uber, *d. t. g.* is.
comp. uberior, is. *superl.*
uberrim-us , a , um. g. i.
Mine —, fodin-a uberior.

Féliciter, gratul - ari , or,
aris , at-us sum. *dép.* (*q.*
q.) *dat.* (*de q. ch.*) *acc.*
Se —, sibi plaud-ere, o ,
is , plaus-i , um. *sans ré-*
gime.

Femme, *f.* mulier, is. *f.*
— (*épouse*), uxor, is. *f.*

Fer, *m.* ferr-um, i. *n. de* —,
ferre-us, a , um. g. i.

Ferme, *f.* vill-a , æ. *f.*

Fermier, *m.* villic-us, i. *m.*

Fête, *f.* fest-um , i. *n. De*
— fest-us, a , um. g. i.

Feu, *m.* ign-is, is , *m.*

Feuille, *f.* foli-um, i. *n.*

Fiction, *f.* comment-um, i.
n. Tirer une —, comment-
um fing-ere, o, is, finx-i,
fict-um.

Fidèle, fid-us, a , um. g. i.
fidel-is, is , e. g. is.

Fidèlement, fideliter, *adv.*

Fidélité, *f.* fidelita-s , tis.
f.

Fièrement, superbè. *adv.*

Fièvre, febr-is, is. *f. Sa*
fièvre a duré, febris eum
extorsuit.

Fil, *m.* fil-um, i. *n. Repre-*

nons le fil de notre entre-tien, eò unde digressi era-mus revertamur. *m. à m. Retournons là d'où nous étions partis.*

Filer, n-ere, eo, es, ev-i, et-um. *n.*

Filet, *m.* ret-e, is, *n.* retia. *plur.*

Fille, *f.* fili-a, æ. *f. dat. et abl. plur.* filiabus.

Fils, *m.* fili-us, i. *m.*

Fin, *f.* fin-is, is. *f. La — du monde*, supremum re-rum omnium temp - us, oris. *n.*

Fin (délié), tenu-is, is, e. *g.* is.

Fixe (être), man-ere, eo, es, s-i, s-um.

Fixer, sist-ere, o, is, stit-i, stit-um.

Flatter, bland-iri, ior, iris, it-us sum. *dép.* (*q. q.*) *dat.*

Fleur, *f.* flo-s, ris. *m.*

Fleuve, *f.* flum-en, inis. *n.*

Flot, *m.* fluct-us, ûs. *m. Etre accablé par les —*, fluctibus obru-i, or, eris, t-us sum.

Fois (une), semel. *Deux —* bis. *Trois.—*, ter. *adv. Tant de—*, toties. *Toutes les—que*, quotiescunque.

Folie, *f.* stultiti-a, æ. *f.*

Fonctions, *f.* muni-a, orum. *n. plur. Remplir les —*, munia expl-ere, eo, es, ev-i, et-um.

Fond (à), penitus. *adv.*

Force, *f.* vis, is. *f.* rob-ur, oris. *n.*

Forcer, cog-ere, o, is, coeg - i, coact-um. *acc. — de se rendre*, ad deditio-nem cogere.

Forêt, *f.* silv-a, æ. *f.* nem-us, oris. *n.*

Forgeron, *m.* ferrarius fab-er, ri. *m.*

Fortune, *f.* fortun-a, æ. *f. bonne —*, res secundæ, arum. *plur. f.*

Fou, insan-us, a, um. *g.* i. desipien-s, *d. t. g.* tis.

Foudre, *f.* fulm-en, inis. *n.*

Foule, *f.* turba, æ. *f.*

Fourmi, *f.* formic-a, æ. *f.*

Fournir, suppedit-are, o, as, av-i, at-um. *acc.*

Fraîcheur, *f.* frig-us, oris. *n.*

Franc (monnaie), *m.* libr-a francic-a. *g.* æ. *f.*

Français (les), *m. plur.* Gall-i, orum. *m. plur.*

France, *f.* Galli-a, æ. *f. Français*, Gall-us, i. *m.*

Frapper, verber-are, o, as, av-i, at-um. *acc.* percut-ere, io, is, percuss-i, um. *acc. Se —*, se percut-ere, fer-iri, io, is.

Frère, *m.* frat-er, ris. *m.*

Frénésie, *f.* furor, is. *m.*

Friandises, *f.* bellari - a, orum. *n. plur.*

Frimas, *m.* pruin-æ, arum. *f. plur.*

Froid, *m.* frig-us, oris. *n. Avoir —*, frig-ere, eo, es, u-i. *n.*

Froid, e. frigid-us, a, um. *g.* i.

Frontière, *f.* fin - is, is. *m. f.*

Fruit, *m.* fruct-us, ûs. *m.*

Fuir, fug - ere, io, is, i, it-um. *acc.*

Fuite, *f.* fug-a, æ. *f. Met-tre en —*, in fugam vert-ere, o, is, vers-um. *acc.* fugare, o, as, av-i, at-um. *acc.*

Funeste, funest-us, a, um.
g. i. acerb-us, a, um. g. i.

Fureur, f. (*passion violente*),
insani-a, æ. f.; furor, is. m.

Furieux, furen-s, d. t. g.
tis; furibund-us, a, um.
g. i.

Fusil, m. (*arme*) ferrea fis-
tula longior (*les trois mots
se déclinent*). m. à m. un
long tube de fer.

Fuyard, fugien-s, d. t. g.
tis. fuga-x, d. t. g. cis.

G.

Gages (*salaire*), m. *plur.*
merce-s, dis. f.

Gai, hilar-is, is, e. g. is.
plus — que de coutume,
solitò hilarior.

Gaieté, f. hilarita-s, atis. f.

Garder, custod-ire, io, is,
iv-i, it-um. *acc.*

Gardien, m. cust-os, odis,
m.

Garnement, m. nebulo, nis.
m.

Gassion, n. pr. Gassio, nis.
m.

Gâteau, m. placent-a, æ. f.

Général, m. du-x, cis. m.

Généreux, generos-us, a, um,
g. i.

Génisse, f. juvenc-a, æ. f.

Gens, m. plur. homin-es, um.
m. plur. Certaines—, qui-
dam. plur. Jeunes—, ado-
lescent-es, um. m. plur.
— de bien ou honnêtes
gens, vir-i prob-i, g. orum
orum. Braves —, bon-i,
orum. m. plur.

Géographie, f. geographi-a,
æ. f

Gibet, m. patibul-um, i.
n.

Glisser (*se*), se insinu-are,
o, as, av-i, at-um (*dans*)
in. acc.

Gloire, f. glori-a, æ. f.
lau-s, dis. f.

Glorieux, glorios-us, a, um.
g. i.

Glorifier (*se*), glori-ari, or,
aris, at-us sum. dép. (*de
q. ch.*) abl.

Gourmand, gul-æ dedit-us,
a, um. g. i.

Gourmander, objurg-are, o,
as, av-i, at-um. acc.

Gourmandise, f. gul-a, æ.
f.

Goût, m. (*qui a du—pour*),
studios-us, a, um. g. i.
De bon —, elegan-s, d. t.
g. tis.

Gouverner, gubern-are, o,
as, av-i, at-um. acc.

Grâce, f. benefici-um, i. n.

Grâces (*rendre*), gratias ag-
ere, o, is, eg-i, actum.

Grain, m. gran-um, i. n.

Grammaire, f. grammatic-
a, æ; ou grammatic-e, es.
f.

Grand, magn-us, a, um. g.
i; ingen-s, d. t. g. tis;
præstan-s, d. t. g. tis.
Grande dépense, ingens
sumpt-us, ûs. m.

Gravité, f. gravita-s, tis. f.

Gré (*de bon*), libenter. adv.

Grèce, f. Græci-a, æ. f.

Grecs (*les*), m. Græc-i, orum.
m. plur.

Grêle, f. grand-o, inis.
f.

Grille, f. clathr-us, i. m.
et clathr-um, i. n.

Gronder, increp-are, o, as,
u-i, it-um. acc.

Grossier (*ignorant*), rud-is,
is, e. g. is.

Guenon, f. simi-a, æ. f.

Guère, parum; minimè; non multùm. *adv.*

Guérir, san-are, o, as, av-i, at-um. *acc.*

Guerre, *f.* bell-um, i. *n.*

Guerrier, *m.* bellator, is. *m.*

Guetter, asserv-are, o, as, av-i, at-um.

Guide, *m.* du-x, cis, *m. f.*

Guirlande, *f.* vincul-um, i. *n.* sert-um. i. *n.*

H.

Habile, perit-us, a, um. *g.* i.

Habileté, *f.* periti-a, æ. *f.*

Habit, *m.* vest-is, is, *f.*

Habitant, *m.* incol-a, æ. *m.—d'une ville*, civ-is, is. *m.*

Habiter, incol-ere, o, is, u-i, incult-um. *acc.*

Habitude, *f.* consuetud-o, inis. *f. Habitudes*, *f. pl.* mor-es, um. *m. plur.*

Haillon, *m.* cento, nis. *m.*

Haine, *f.* odi-um, i. *n.*

Hambourg, *m.* (*ville d'Allem.*) Hamburg-um, i. *n.*

Hanneton, *m.* scarabæ-us stridul-us. *g.* i. *m.*

Hardes, *f. plur.* sarcinul-æ, arum. *f. pl.*

Hardiment, audacter. *adv.*

Harmonieux, canor-us, a, um. *sans comp. ni superl.*

Haut, alt-us, a, um. *g.* i.

Hélas ! heu ; eheus. *interj.*

Héraclite, *m.* Heraclit-us, i. *m.*

Hérésie, *f.* hæres-is, is *ou* eos. *f.*

Héritage, *m.* heredita-s, tis. *f. Petit —*, herediol-um, i. *n.*

Hériter (*de q. q.*), alicujus

hereditat-em ad-ire, eo, is, ii *ou* iv-i, it-um.

Héros, *m.* hero-s, is. *m. acc. sing.* em *ou* a, *acc. plur.* es, *ou* as.

Heure, *f.* hor-a, æ. *f. Une — et demie*, sesquihora. *Tout à l'—*, modò. *adv. De bonne—*, maturè. *adv.*

Heureux, feli-x, *d. t. g.* cis.

Hier, heri. *adv.*

Histoire, *f.* histori-a, æ. *f.*

Historien, *m.* historic-us, i. *m.*

Hiver, *m.* hiem-s, is, *f.*

Homard, *m.* astac-us, i. *m.*

Homère, *m.* Homer-us, i. *m.*

Homme, *m.* hom-o, inis, *m. — (de cœur)*, vir, i. *m. Jeune —*, adolescen-s, tis. *m.*

Honnête, honest-us, a, um. *g.* i.

Honneur, *m.* honor, is. *m.* dec-us, oris. *n. —! excl.* lau-s, dis. *f. avec le dat.*

Honte, *f.* pudor, is. *masc. Avoir—*, pud-ere, et, uit. *imp.* (*de q. ch.*), *gén.*

Honteux, turp-is, is, e. *g.* is.

Horace, *m.* Horati-us, i. *m.*

Horrible, horribil-is, is, e. *g.* is ; horrend-us, a, um. *g.* is ; horrid-us, a, um. *g.* i.

Hôte, *m.* hosp-es, itis. *m.*

Humain, human-us, a, um. *g.* i.

Humeur, *f.* natur-a, æ. *f.*

Huit, octo, *indécl.*

Huitième, octav-us, a, um.

Hurlement, *m.* ululat-us, ûs. *m.*

Hymne, hymn-us, i. *m.*

I.

Ici, hìc (*avec résidence*), huc. (*avec tend.*) *adv.* — *bas*, his in terris.

Ignorance, ignoranti-a, æ. *f.* ; insciti-a, æ. *f.*

Ignorer, ignor-are, o, as, av-i, at-um. *n.* ; nesc-ire, io, is, iv-i, it-um. *n. acc. Il ignore cela*, tour- nez, *cela le fuit*, fug-ere, io, it. *imp. acc.* fall-ere, o, it. *imp. acc.* ; præter- ire, eo, it. *imp. acc.*

Il, elle, ill-e, a, ud. *g.* ius.

Illustre, illustr-is, e. *g.* is.

Imaginer (*inventer*), exco- git-are, o, as, av-i, at- um. *acc. S'*—, sibi in ani- mum induc-ere, o, is, indu-xi, ct-um.

Immense, immens-us, a, um. *g.* i.

Immoler, immol-are, o, as, av-i, at-um. *acc.*

Immortel, immortal-is, is, e. *g.* is.

Impardonnable (*digne d'au- cun pardon*), nullâ veniâ dign-us, a, um. *g.* i.

Impie, impi-us, a, um. *g.* i.

Impiété, *f.* impieta-s, tis. *f.*

Implorer, implor-are, o, as, av-i, at-um. *acc.*

Important (*d'une grande importance*), magni mo- menti ; grav-is, is, e. *g.* is.

Importer, refer-re, o, s. retul-i, relat-um. *Il im- porte*, refert, interest, *gén.* (*à*) *avec un nom de chose inanimée*, ad. *acc.*

Importun, molest-us, a,

um. *g.* i. *Etre* — *à q. q.*, esse molestus. *dat.*

Imposer, impon-ere, o, is, sui, sit-um. *à q. q. dat.*

Impôt, *m.* tribut-um, i. *n. Lever des* —, tributa exig- ere, o, is, exeg-i, exact-um.

Imprudent, impruden-s, *d. t. g.* tis.

Inaltérable, sincer-us, a, um. *g.* i.

Inappréciable, inæstimabi- lis, is, e. *g. Cela est* — hoc pretium non habet. *m. à m., cela n'a pas de prix.*

Incendie, *m.* incendi-um, i. *n.*

Incendié, incens-us, a, um. *g.* i.

Incommoder (*q. q.*), esse gravis alicui.

Incontestablement, sine ullâ controversiâ.

Indigent, inop-s, is ; egen-s, *d. t. g.* tis.

Indignation, *f.* indignatio, nis. *f.*

Indigne, indign-us, a, um. *g.* i. *abl.*

Indigné, indignan-s, *d. t. g.* tis. (*supportant avec indignation*), indignè fe- rens. *acc.*

Indignement, indignè. *adv.*

Indocile, indocil-is, is, e. *g.* is.

Indulgence, *f.* indulgenti-a, æ. *f.*

Indulgent, indulgen-s. *d. t. g.* tis.

Industrieux, industri-us, a, um. *g.* i. *sans comp. ni superl.*

Informer, certiorem fac-ere, io, is, fec-i, fact-um. (*q. q.*) *acc.* (*de q. ch.*) *gén.*

Ingénieux, ingenios-us, a, um. g. i.

Ingrat, ingrat-us, a, um. g. i.

Inhumain, inhuman-us, a, um. g. i.

Inhumanité, *f.* inhumanita-s, tis. *f.*

Injure, *f.* injuri-a, æ, *f.*

Injurier, contumeliis lacessere, o, is, iv-i, it-um. probris oner-are, o, as, av-i, at-um.

Injustice, *f.* injustiti- a, æ. *f.*

Inonder, inund-are, o, as, av-i, at-um. *acc.*

Innocent, innocen-s. *d. t. g.* tis.

Inquiéter peu (*s'*), parum cur-are, o, as, av-i, at-um. *acc.*

Insecte, *m.* insect-um, i. *n.* (*chenille*), eruc-a, æ. *f.*

Insensé, insan-us, a, um, g. i; desipien-s, *d. t. g.* tis; demen-s, *d. t. g.* tis.

Insensiblement, sensim. *adv.*

Insigne, insign-is, is, e. g. is.

Insolent, arrogan-s, *d. t. g.* tis; insolen-s, *d. t. g.* tis, proterv-us, a, um. g. i.

Instituteur, *m.* institutor, is. *m.*

Instruction, *f.* doctrin-a, æ. *f.*

Instruire, doc-ere, eo, es, u-i, t-um. (*q. q.*) *acc. sur q. ch. acc.* edocere, *comp.*

Instrument, *m.* instrument-um, i. *n.*

Insulter, insult-are, o, as, av-i, at-um. *n. dat.* ou *acc.*

Interdire, interdic-ere, o, is, interdix-i, interdict-

um. *n.* (*q. ch.*) *abl.* (*à q. q.*) *dat.*

Intelligence, *f.* perspicacita-s, tis. *f.*

Intempérance, *f.* intemperanti-a, æ. *f.*

Intenté, illat-us, a, um. g. i. (*contre*) *dat.*

Intérêt (*usure*) *m.* fœn-us, oris. *n.* commod-um, i. *n.* *Avoir* —, inter-esse, est. *J'ai* —, meâ interest.

Interroger, interrog-are, o, as, avi, at-um. *acc.*

Intrépide, impavid-us, a, um. g. i.

Introduire (*s'*), sese introduc-ere, o, is, introdux-i, introduct-um. (*dans*) in. *acc.*

Inutile, inutil-is, is, e. g. is; inan-is, is, e. g. is. *Devenir* —, nihil proficere, io, is, profec-i, profect-um.

Inviter, invit-are, o, as, av-i, at-um. *acc.* (*à*) ad. *acc.*

Irrité, infens-us, a, um. g. i; irat-us, a, um. g. i. (*contre*) *dat.*

Ile, *f.* insul-a, æ. *f.*

Italie, Itali-a, æ. *f.*

Ivre, ebri-us, a, um, g. i.

Ivrognerie, *f.* ebrieta-s, tis. *f.*

J.

Jamais, *sans négation*, unquam, *adv.*; *avec négation*, nunquam, *adv.*

Janus, *m.* Jan-us, i. *m.*

Jardin, *m.* hort-us, i. *m.*

Jardinier, *m.* olitor, is. *m.* hortulan-us, i. *m.*

Jaune, flav-us, a, um. g. i.

Jésus-Christ, Jesus-Christus; *gén.* Jesu-Christi. *m.*

Jeter, jac-ere, io, is, jec-i, jact-um. *acc. ;* projic-ere, io, is, projec-i, t-um. *acc. — en prison,* in carcerem *ou* in vincula conjic-ere, io, is, conjec-i, t-um. *acc.*

Jeu, m. lud-us, i. *m.*

Jeune, juven-is, is, e. *g.* is. (*Le comparatif* junior *s'emploie ordinairement pour le positif* juvenis.) Jeune homme (voyez *Homme*). Jeunes gens (voyez *Gens*). — *garçon,* puer, i. *m. —fille,* puell-a, æ. *f.*

Jeunesse, f. juventu-s, tis. *f.*

Joie, f. gaudi-um, i. *n. ;* lætiti-a, æ. *f. ;* alacrita-s, tis. *fém. ;* volupta-s, tis. *fém.*

Joigny (ville de France), Jovinian-um, i. *n.*

Joli, concin-nus, a, um, g. i.

Jonc, m. junc-us, i. *De —,* juncin-us, a, um. g. i.

Jouer, lud-ere, o, is, lus-i, um. *n.*

Joug, m. jug-um, i. *n. Mettre sous le —,* sub jugum mitt-ere, o, is, mis-i, miss-um.

Jouir, fru-i, or, eris, fruitus sum. *dép. (de) abl.*

Joujoux, m. plur. crepundia, orum. *n. plur.*

Jour, m. die-s, i. *f. Un —,* olim ; aliquando. *adv.* die quâdam. *Tous les —,* quotidie. *adv. Au dernier —,* die ultimâ. *Un autre —,* propediem. *adv.*

Joyeux, læt-us, a, um. g. i.

Juge, m. jud-ex, icis. *m.*

Jugement, m. suffragi-um,

i. *n. ;* judici-um , i. *n.*

Juger, judic-are, o, as, av-i, at-um. *acc. — de,* augurari, or, aris, at-us sum. *acc.*

Junon, f. Juno, nis. *f.*

Jupiter, m. Jupiter, Jov-is. *m.*

Jusqu'à ce que, donec ; dum ; quandiu. *conj. veulent le subjonctif.*

Jusque, usque. *acc. — à quand ?* quousque ?

Juste, just-us, a, um. g. i ; æqu-us, a, um. g. i.

Justement (avec justice), haud immeritò. *adv.*

Justice, f. justiti-a, æ. *f.*

K.

Kempten (ville de Souabe), m. Campidon-a, æ. *f.*

L.

Là (avec résidence), ibi. *adv. (avec tendance),* eò *adv. De là.* inde. *adv. avec un nom de temps,* abhinc.

Laboureur, m. agricol-a, æ. *m.*

Lac, m. lac-us, ûs. *m.*

Lâche, ignav-us, a, um. g. i.

Laid, deform-is, is, e. *g.* is.

Laine, f. lan-a, æ. *f. ; de —,* lane-us, a, um. g. i.

Laisser, relinqu-ere, o, is, reliqu-i, relict-um. *acc.*

Lamentable, lamentabil-is, is, e. *g.* is.

Lamenter (se), lament-ari, or, aris, at-us sum. *dép.*

Lampe, f. lucern-a, æ. *f.* lampa-s, adis. *f.*

Lancer, emitt-ere, o , is , emis-i, s-um. *acc.*

Langue, *f.* lingu-a , æ. *f.*

Languir, elangu-ere, eo, es, i. *n.*

Large, lat-us , a , um. *g.* i.

Largement, larg-è , iùs , issi-mè. *adv. Un peu trop* —, paulò largiùs.

Lasser (se), fatig-ari , or, aris, at-us sum. *avec l'inf. de*, tournez, en, in *avec le gérondif en* do —; tæd-ere, et, uit. *imp. (de q. ch.) gén.*

Latin, latin-us , a , um. *g.* i.

Latium, *m.* Lati-um , i. *n.*

Le, la, les, devant un verbe sont toujours pronoms et se tournent par lui, elle; eux, elles; à lui, à elle; à eux, à elles : is , ea , id. *g.* ejus ; ille , illa , illud. *g.* illius ; hic , hæc , hoc. *gén.* hujus.

Leçon (qu'on apprend par cœur), *f.* ediscend-a , orum. *plur. n.*

Lecteur, *m.* lector, is , *m.*

Lecture, *f.* lectio , nis. *f.*

Léger, lev-is , is , e. *g.* is.

Lendemain (le), postridiè *adv. gén. ou acc. adv.* posterà die.

Léopard, *masc.* pard-us , i. *m.*

Lequel, laquelle, qui, quæ, quod. *g.* cujus.

Lettre, *f.* epistol-a , æ. *f.*

Leur (pronom possessif), su-us, a, um. *g.* i. *Devant un verbe se tourne par à eux, à elles*, is , ea , id. *g.* ejus.

Lever, attoll-ere, o, is. *acc.* — *les yeux*, oculos attol-lere. — *des impôts*, tributa exig-ere, o, is, exeg-i, exact-um.

Liberté, *f. (pouvoir)*, fa-culta-s , tis. *f.*

Lié (être) avec q. q., aliquo familiariter ut-i, or, eris, us-us sum. *dép.*

Lier. Voy. *Amitié.*

Lieu, *m.* loc-us, i. *m. (plur.* loc-a , orum. *n.) En quel-que* —. Voy. *les adv. des questions de lieu.* — *de se repentir*, pœnitendi locus.

Lièvre, *m.* lep-us , oris. *m.*

Lion, *m.* leo , nis. *m.*

Lionne, *f.* leæ-na , æ. *f.*

Lire, leg-ere, o, is, i, lect-um. *acc.*

Lisières, *f. plur.* fasci-æ , arum. *f. plur.*

Lisieux, *m. (ville de France)* Lexovi-um , i. *n.*

Livre, *m.* lib-er, ri. *m.*

Livrer (se) à, se trad-ere, o, is, id-i, it-um. *dat.*

Logis, *m.* dom-us , ûs *ou* i. *f.*

Loin, longè. *adv. Un peu plus* —, paulò longiùs.

Long, long-us, a, um. *g.* i. — *temps*, di-u, -tiùs, -tis-simè. *adv. Depuis* — *temps*, jam pridem, jam dudum. *adv.*

Louange, *f.* lau-s , dis. *f. Combler de* —, summis laudibus oner-are, o, as, av-i, at-um. *acc.*

Louer, laud-are, o, as, av-i, at-um. *acc.*

Louis, *m.* Ludovic-us, i. *m.* — *douze*, Ludovicus duo-decimus.

Loup, *m.* lup-us, i. *m.*

Lorsque, quum. *conj. ne veut le subj. que devant l'imparfait.*

Lucullus, *m.* Lucull-us, i. *m.*

Lui, is, ea, id. *g.* ejus ; ill-e, a, ud. *g.* ius.

Lumière, *f.* lum-en, inis. *n.*
De *Jeter de la* —, lumen *ou*
lucem emitt-ere, o, is,
emis-i, s-um.
Luxe, *m.* lux-us, ûs. *m.*
Lyon (*ville de France*), Lu-
gdun-um, i. *n.*
Lyre, *f.* testud-o, inis. *f.*

M.

Magasin, *m.* horre-um, i. *n.*
Magistrat, *m.* magistrat-us,
ûs. *m.*
Magnifique, magnific-us, a,
um. *g.* i.
Mai, *m.* mensis mai-us, i.
m.
Maigre, mac-er, ra, rum. *g.*
ri.
Main, *f.* man-us, ûs. *f.*
De sa propre —, manu
suâ.
Maintenant, nunc. *adv.*
Mais, sed ; verùm ; verò.
conj.
Maison, *f.* dom-us, i, *ou*
ûs. *f. A la* —, domi.
Maître, *m.* (*qui enseigne*),
præceptor, is. *m.* magister, ri. *m. Un bon* —, haud
pœnitendus magister. —
(*de maison*), domin-us, i.
m. her-us, i. *m. Du* —,
heril-is, e. *g.* is.
Majesté, *f.* majesta-s, tis.
f.
Mal, mal-um, i. *n. Faire*
du —, noc-ere, eo, es,
u-i, it-um. (*à q. q.*) *dat.*
Mal, malè. *adv.*
Malade, ægrot-us, a, um.
g. i. *Tomber* —, in mor-
bum incid-ere, is, i. *Etre*
—, ægrot-are, o, as, av-i,
at-um. *n.*
Maladie, *f.* morb-us, i. *m.*
Faire une —, morbo con-

flict-ari, or, aris, at-us sum.
Sa — *avait duré*, morbus
eum tenuerat. *Sa* — *ne durera que*, morbo tantùm
laborabit.
Malgré (*devant un nom de
personne*), invit-us, a, um.
g. i. *que l'on fait accorder
avec le nom.*
Malheur, *m.* calamit-as, atis.
f. infortuni-um, i. *n.* —
à ! væ! *exclam. dat.*
Malheureux, miser, a, um.
g. i; infeli-x, d. t. *g.* cis.
Manière, *f.* mod-us, i, *m.*
De cette —, hoc modo. —
d'agir, agendi modus.
Manières, *f. plur.* mor-es,
um. *plur. m.*
Manque (*qui*), exper-s. d. t.
g. tis. *gén.*
Manquer (*à*), de-esse, sum,
es, fu-i. *dat.* —, *être privé
de*), car-ere, eo, es, u-i. *n.
ablat.*
Manteau, *m.* palli-um, i. *n.*
Mantes, *f.* (*ville de France*),
Medunt-a, æ. *f.*
Maraud, *m.* balatro, nis. *m.*
Marbre, *m.* marmor, is. *n.*
De —, marmore-us, a, um.
g. i.
Marche, *f.* it-er, itiner-is. *n.*
Marcher, inced-ere, o, is,
incess-i, um.
Maréchal, *m.* (*dignité*), ma-
rescall-us, i. *m.*
Mari, *m.* conju-x, gis. *m.*
marit-us, i. *m.*
Marier (*se*), uxorem duc-ere,
o, is, dux-i, duct-um.
Marmot, *m.* pusio, nis. *m.*
Marmotter (*entre ses dents*),
secum murmurill-are, o,
as.
Martin, Martin-us, i. *m.*
Matière, *f.* materi-a, æ. *f.*
Matin (*le*), manè. *adv. Du*

—, matutin-us, a, um.
g. i.

Maudit, detestabil-is, is, e.
g. is ; maledict-us, a, um.
g. i.

Mauvais, prav-us, a, um.
g. i.

Méchant, improb-us, a, um.
g. i. vir improbus ; mal-us,
a, um. g. i. *comp.* pejor,
is. *superl.* pessim-us, a,
um. g. i.

Méchanceté, *f.* improbita-s,
tis. *f.*

Médecin, *m.* medic-us, i.
m.

Médecine, *f.* medicin-a, æ.
f.

Mégarde (*par*), impruden-
ter. *adv.*

Meilleur, mel-ior, ius. g. is.
Le—, optimus, a, um.

Mélancolique, melancolic-
us, a, um. g. i.

Mélibée, *m.* Meliboe-us, i.
m.

Melun, *m.* (*ville de France*),
Melodun-um, i. *n.*

Même, etiam. *adv.* *Et*—,
imò.

Même (*le*), idem, eadem,
idem. g. ejusdem. *Lui*—,
ips-e, a, um. g. ius. *En*
—*temps*, simul. *adv.* *De*
— *que*, ut, *veut l'indic.*

Mémoire, *f.* memori-a, æ.
f.

Memphis (*ville d'Egypte*),
Memph-is, is. g. is. *f.*

Menacer, min-ari, or, aris,
at-us sum. *dép.* (*q.q.*) *dat.*
(*de q.ch.*) *acc.* —(*en par-*
lant des choses), imminere, eo, es, ui. *n. dat.*

Ménager, parc-ere, o, is,
peperc-i, parcit-um, *n. dat.*
indulg-ere, eo, es, indul-
s-i. (*q. q.*) *dat.*

Mener, duc-ere, o, is, dux-i,
duct-um. *acc.* (*à* ou *vers*),
ad *ou* in. *acc.* —*une vie*,
vitam deg-ere, o, is, i.

Mensonge, mendaci-um, i.
n.

Mentir, ment-iri, ior, iris,
it-us sum. *dép.*

Méprisé, despect-us, a, um.
g. i.

Mépriser, contemn-ere, o,
is, contemps-i, contempt-
um. *acc.*, aspern-ari, or,
aris, at-us sum. *dép. acc.*

Mer, mar-e, is. *n. La pleine*
—, alt-um, i. *n. Etre en*
pleine —, altum ten-ere,
eo, es, u-i, t-um.

Mère, *f.* mat - er, ris. *f.*
genitri-x, cis. *f.*

Mérite, *m.* doctrin-a, æ. *f.*

Merle, *m.* merul-a, æ. *f.*

Messieurs, *m.* optimi ado-
lescentes.

Mets, *m.* cib-us, i. *m.*

Mettre (*au monde*), in lucem ed-ere, o, is, id-i,
it-um. *acc.*

Meunier, *m.* pistrinari-us,
i. *m.*

Midi, *m.* meridie-s, i. *m.*

Mien (*le*), me-us, a, um.
g. i.

Milieu, medi-us, a, um. g.
i. *s'accorde avec le nom.*

Mille, mille. *indécl.* milli-
a, um. *plur. n. Deux* —,
bis mille *ou* duo millia.
Pour la date des années,
mil, millesim-us, a, um.
g. i.

Mine, *f.* fodin-a, æ. *f.*

Misère, *f.* calamita-s, tis.
f. ; miseri-a, *f.*

Miséricorde, *f.* misericordi-a, æ. *f.*

Mobilité, *f.* mobilita-s, tis.
f.

Modération, *f.* moderatio, nis. *f.*

Modéré, moderat-us, a, um. g. i.

Modérer, coerc-ere, eo, es, u-i, it-um. *acc.*; reprim-ere, o, is, repress-i, um. *acc.*

Moderne, recen-s, *d. t. g.* tis ; nov-us, a, um.

Mœris, *lac d'Egypte*, Mœr-is, idis, *m.*

Moi, ego, meï, mihi, me. *pronom de la prem. pers.*

Mois, *m.* mens-is, is. *m.*

Moisson, *f.* mess-is, is. *f.*

Moissonner, met-ere, o, is, messu-i, mess-um. *acc.*

Mol ou *mou*, moll-is, is, e. g. i.

Moldavie, *f.* Moldavi-a, æ. *f.*

Molière, *m.* Molier-us, i. *m.*

Moment (*un*), paulisper. *adv.*

Mon, me-us, a, um. g. i.

Monarque, *m.* re-x, gis. *m.*; princ-eps, ipis. *m.*

Monde, *m.* mund-us, i. *m.* *En quel lieu du* — ? ubi terrarum ?

Moins, minùs. *adv. Du* —, saltem. *adv.*

Monsieur, *m.* domin-us, i. *m.*

Monstre, *m.* monstr-um, i. *n.*

Mont, *m.* mon-s, tis. *m.* *Promettre monts et merveilles*, montes et maria pollic-eri, eor, eris, it-us sum. *dép.*

Montagne, *f.* mon-s, tis. *m.*

Montrer, exhib-ere, eo, es, u-i, it-um ; ostend-ere, o, is, i, ostens-um. *acc.* (*à q. q.*) *dat. Se* —, se præb-ere, eo, es, u-i, it-um. — *les dents*, min-ari dentes. (*découvrir*), nud-

are, o, as, av-i, at-um. *acc.*

Moquer (*se*), irrid-ere, eo, es, irris-i, um. *acc.*

Mort, *f.* mor-s, tis. *f.*; let-um, i. *n.*; exit-us, ûs. *m.*; exiti-um, i. *n.* — *violente*, ne-x, cis. *f.* — *Donner la* —, leto permitt-ere, o, is, permis-i, sum. *De* —, letal-is, is, e. *g.* is.

Mortel, mortal-is, is, e. *g.* is.—(*qui donne la mort*), letal-is, is, e. g. is.

Mouche, *f.* musc-a, æ. *f.*

Moulin, *m.* moletrin-a, æ. *f.*

Mourir, mor-i, ior, eris, tu-us sum. *dép.*; deced-ere, o, is, decess-i, um.

Mouton, *m.* verve-x, cis. *m.*; ov-is, is. *f.*

Munich (*ville de Bavière*), Monachi-um, i. *n.*

Mur, *m.* mur-us, i. *m.*

Murmurer, mussit-are, o, as, av-i, at-um. *n.*

Musicien, *m.* music-us, i. *m.*

Musique, *f.* music-a, æ, ou music-e, es. *f.*

Mutin, pervica-x, *d. t. g.* cis.

Mythologique, mythologic-us, a, um. g. i.

N.

Nager (*vers*), adn-are, o, as, av-i, at-um. *dat.*

Naissance, *f.* ort-us, ûs. *m.*

Naître, nasc-i, or, eris, at-us sum. *dép.*

Nation, *f.* gen-s, tis. *f.*

Nature, *f.* natur-a, æ. *f.*; gen-us, eris. *n.*

Naturel, m. indol-es, is. *f.*
Bon—, egregia indoles.

Naturellement, naturâ. *abl.*
pris. adv.

Ne... pas, ne... point, non,
ou haud. *adv.* (*avec in-*
terrog.) annon *ou* nonne.

Ne... que, solùm : tantùm ;
tantummodo. *adv.*

Né, nat-us, a, um. *g.* i.
part. de nascor. — *pour,*
ad. *acc.*

Néanmoins, attamen ; ni-
hilominus ; verumtamen.
conjonct.

Nécessaire, necessari-us, a,
um. *g.* i. *sans comp. ni*
superl.

Nécessité, f. necessita-s,
tis. *f.*

Négligence, f. negligenti-
a, æ. *f.*

Négligent, negligen-s, d. t.
g. tis ; indiligen-s, d. t.
g. tis.

Neptune, m. Neptun-us, i.
m.

Neveu, m. nepo-s, tis. m.
— (*descendants*), nepot-
es, um. m. *plur.*

Neuf, novem, *indécl.* ; neu-
vième, non-us, a, um.
g. i.

Ni, nec ; neque. *conj.* —
l'un — *l'autre,* neut-er,
ra, rum. *g.* rius.

Nid, m. nid-us, i. *m.*

Nier, neg-are, o, as, av-i,
at-um.

Noble, nobil-is, is, e. *g.*
is.

Noir, nig-er, r-a, um. *g.* i ;
at-er, r-a, um. *g.* i.

Nom, m. nom-en, inis. *n.*
Porter un—, nomen hab-
ere, eo, es, u-i, it-um.

Nombre, m. numer-us, i.
m.

Nombreux, numeros-us, a,
um. *g. Être plus*—, nu-
mero super-are, o, as, av-i,
at-um. *acc.*

Nommer, nomin-are, o, as,
av-i, at-um. *Se* —, no-
min-ari, or, aris, at-us
sum ; voc-ari, or, aris,
at-us sum. *pass.*

Non, non ; minimè. *adv.*

Nonchalance, f. inerti-a, æ,
ignavi-a, æ. *f.*

Normandie, f. Normanni-
a, æ. *f.*

Notre, nost-er, r-a, um. *g.*
i, *plur.* nos, nostr-i, æ.
a. *g.* orum.

Nourrir (se), vesc-i, or,
eris. *dép. abl.*

Nourriture, f. cib-us, i. m.
Bonne —, cibi valentissi-
mi. m. *plur.*

Nous, nos, *g.* nostrûm *ou*
nostri.

Nouveau, elle, recen-s. d. t.
g. tis.

Nouvellement, recèns. *adv.*

Nuire, noc-ere, eo, es, u-i,
it-um. *n. dat.* ; ob-esse,
sum, es, fu-i. *n. dat.*

Nuisible, nocen-s. d. t. g.
tis.

Nuit, f. no-x, ctis. f. — *et*
jour, noctu diuque. *adv.* ;
indesinenter. *adv. Pen-*
dant la—, per noctem ;
noctu ; de nocte.

Nullement, minimè. *adv.*
nequaquam. *adv.*

O.

Obstination, f. pervicaci-a,
æ. *f.*

Obstiné, obstinat-us, a, um.
g. i.

Obtenir, impetr-are, o, as,

av-i, at-um (*q. ch.*) *acc.*
(*de q. ch.*) ab. *abl.*

Occasion, *f.* occasio, nis.
f. Une bonne —, opportuna occasio.

Odeur, *f.* odor, is. *m.*

Odieux, odios-us, a, um.
g. i.

OEil, *m. yeux. plur.* oculus, i. *m.*

OEillet, *m.* caryophyll-us, i.
m.

OEuvre. Voy. *Ouvrage.*

Offense, injuri-a, æ. —*faite
à q. q.* injuria illata. *dat.*

Office (bon), *m.* offici-um, i.
n. — *de cuisine*, cella vasaria, *g.* cellæ vasariæ. *f.*

Officier, *m. (d'armée)*, militum præfectus, i. *m.*;
exercitûs princ-eps, ipis.
m.; du-x, cis. *m.*

Offrir, offer-re, o, s, obtul-i, oblat-um. *acc.*; propon-ere, o, is, proposu-i,
it-um. *acc.* S'—, se offerre.

Oiseau, *m.* av-is, is. *f.*

Oisiveté, *f.* oti-um, i. *n.*

Ombrage, *m.* umbracul-um,
i. *n.*

Oncle, *m.* avuncul-us, i. *m.*

Onze, undecim. *indécl. onzième*, undecim-us, a, um.
g. i.

Opiniâtre, improb-us, a, um.
g. i.

Opiniâtreté, *f.* pertinaci-a,
æ. *f.*

Opprimer, opprim-ere, o, is,
oppress-i, um. *acc.*

Or, *m.* aurum, i. *n.* D' —,
aure-us, a, um.

Or, porrò. *conjonct.*

Oranger, *m.* mal-um aureum. *g. i. n.*

Orateur, *m.* orator, is. *m.*

Orbilius, *m.* Orbili-us, i. *m.*

Ordinairement,   persæpe.
adv.

Ordonner, jub-ere, eo, es,
juss-i, um.

Ordre, *m. (commandement)*,
juss-um, i. *n. et* juss-us,
ûs. *m. Recevoir*—, jub-eri,
eor, eris, juss-us sum. *pass.
inf.* —, mandat-um, i. *n.
par son* —, illius jussu.

Oreilles, *f. plur.* aur-es,
ium. *f. plur.*

Orge, *f.* horde-um, i. *n.*

Orgueil, *m.* superbi-a, æ.
f.

Orgueilleusement, arroganter; superbè. *adv.*

Orgueilleux, superb-us, a,
um. *g. i.*

Origine, *f.* orig-o, inis. *f.*

Orléans, *m. (ville de France)*, Aureli-a, æ. *f.*

Ornement, *m.* ornament-um,
i. *n.*

Orner, orn-are, o, as, av-i,
at-um. *acc.*

Orphée, *m.* Orphe-us, i *et*
os. *m.*

Oser, aud-ere, eo, es, ausus sum. *n.*

Ostracisme, *m.* ostracism-us,
i. *m.*

Ou, aut. *conj.*

Où, *adv. (avec résidence)*,
ubi. (*avec tendance*), quò;
d'où, unde; *par où*, quà.

Oublier, oblivisc-i, or, eris,
oblit-us sum. *dép. (q. q.)
gén. ou acc.*

Ourdir, mol-iri, ior, iris,
it-us sum. — *une trame
criminelle*, perfidum consilium moliri.

Ouvrage, *m.* op-us, eris. *n.*

Ouvrier, *m.* operari-us, i. *m.*

P.

Pacifier, pac-are, o, as, av-i, at-um, *acc.*

Pain, m. pan-is, is. m.

Paisiblement, tranquillè. *adv.*

Palais, m. palati-um, i. n.

Papa, m. papa-s, æ. m.

Papillon, m. papilio, nis. m. al-es, itis. m.

Par, per. *acc.* a *ou* ab, e *ou* ex. *abl. prép.* — *là*, illac ; eà. *Voy. les adv. de lieu.*

Paraître (sembler), videri, eor, eris, vis-us sum. *pass.* (*à q. q.*) *dat.*

Parcourir, lustr-are, o, as, av-i, at-um. *acc.* perlustro. *comp.* peragr-are, o, as, av-i, at-um.

Pardon, m. ven-ia, æ. f.

Pardonner, parc-ere, o, is, peperc-i, parcit-um ; igno-sc-ere, o, is, ignov-i, ignot-um.

Parent, m. paren-s, tis. m.

Paresse, f. pigriti-a, æ. f. desidi-a, æ. f.

Paresseux, pig-er, ra, rum ; segn-is, is, e. g. is.

Parfum, m. unguent-um, i. n. — *délicat*, unguentum subtil-e. g. is.

Parler, loqu-i, or, eris, locut-us sum. *dép.* (*à q. q.*), cum aliquo (*de q. ch.*), de aliquâ re. (*à q. q.*), alloqu-i, or, eris, cut-us sum. *acc.*

Paroles, f. vo-x, cis, f. verb-um, i. n. *Belles —*, verba mollia. *plur. n.*

Part, f. par-s, tis. f.

Part (nulle part), nusquam. *adv.*

Partir, proficisc-i, or, eris,

Thèmes 8ᵉˢ, Élèves.

profect-us sum. *dép.* disced-ere, o, is, discess-i, um.

Partout, ubique. *adv.*

Parure, f. ornament-um, i. n. ornat-us, ûs. m. cult-us, ûs. m.

Pas, m. pass-us, ûs. m. grad-us, ûs. m.

Pas, *adv.* ne... pas. Voyez *Ne*.

Passant, trans-iens, d. l. g. euntis.

Passer, trans-ire, eo, is, ii *ou* iv-i, it-um. *sans prépos.* — *en*, trajic-ere, io, is. trajec-i, t-um, in. *acc.* — *pour*, haber-i, eor, eris, it-us sum. — *au fil de l'épée*, ferro nec-are, o, as, av-i, at-um, *rarement* u i, t-um. — *quelques jours (rester)*, aliquot diebus commor-ari, or, aris, at-us sum. — *chez q. q.*, apud aliquem. — *le temps (l'employer)*, temp-us consum-ere, o, is, psi, pt-um. (*à*), *gér. en do.* — *des jours*, dies ag-ere, o, is, eg-i, act-um.

Paternel, patern-us, a, um.

Patience, f. patienti-a, æ. f.

Patrie, f. patri-a, æ. f.

Patte, f. pe-s, dis. f.; cru-s, ris. n.

Pâture, f. pabul-um. i. n.

Pauvre, paup-er, d. t. g. eris. — (*terme de compassion*), miser, a, um ; misell-us, a, um.

Pays, m. regio, nis. f.

Paysan, m. rustic-us, i. m.

Peau, f. pell-is, is. f.

Pêche, f. (*fruit*), mal-um persic-um. g. i.

Péché, m. peccat-um, i. *n.*
Pêcheur, m. piscator, is. *m.*
Peigne, m. pect - en , inis. *n.*
Peine, f. pœn-a, æ. f.
Peintre, m. pictor, is. *m.*
Pendant, per. *prép. acc. —que,* dum, quum. *subj. devant l'imparf.*
Pénétrant, eda-x, d. t. g. cis.
Pénétrer, penetr-are , o , as, av-i, at-um.
Penser, cogit-are, o, as, av-i, at-um. — *de,* de. *abl.;* existim-are, o, as, av-i, at-um; put-are, o, as, av-i, at-um.
Perdition, f. perditio, nis. f.
Perdre, amitt-ere, o, is, amis-i, s-um. *acc.*
Perdrix, f. perdi-x, cis. f.
Père, m. pat-er, ris, m.
Perfide, perfid-us, a, um.
Perfidie, perfidi-a, æ. f.
Permettre, permitt-ere , o , is , permis-i, s-um. (q. ch.) acc. (à q. q.) dat.; sin-ere, o, is, iv-i, itum.
Permis (être), lic-ere, et, uit. *imp. dat. Permis,* fas. *Il est permis,* fas est.
Perpétuellement, perpetuò, indesinenter, *adv.*
Perroquet, m. psittac-us, i. m.
Persévérance, f. constanti-a, æ. f.
Personne (sans négation), hom-o, inis, m. — *ne,* nem-o, inis, m. (nemo est composé de non et de homo.) — (aucun), sans négation, ull-us, a, um. g. ius. et —, nec quisquam.

7.

Perte, f. jactur-a, æ. f — des biens, rei familiaris naufragi-um, i. n. — (mort), exiti-um, i. n.
Petit, parv-us, a, um; parvul-us, a, um. dimin.
Pétulant, petulan-s, d. t. g. tis.
Peu, parum. adv. Peu à peu, paulatim. ad. —, devant un nom de choses qui se comptent, pauc-i, æ, a. g. orum. — de jours, pauci dies.
Peuple, m. popul-us, i. m.
Peur, f. pavor, is. m.
Peut-être, fortè, fortasse, adv.
Phare, m. phar-us, i. f.
Pharos, Phar-os, i. f.
Philosophe, m. philosoph-us, i. m.
Philosopher, philosoph-ari, or, aris, at-us sum. dép.
Pièce (de monnaie), fém. numm-us, i. m. — d'or, nummus aure-us, a, um.
Pièces (mettre en), discerp-ere, o, is, s-i, t-um. acc.
Pied (mesure), m. pe-s, dis, m. avoir un demi-pied de circonférence, sesquipedem orbe collig-ere, o, is, colleg-i, collect-um.
Piéges, m. plur. insidi-æ, arum, f. Tendre des —, insidias compar-are, o, as, av-i, at-um.
Pierre, f. lapi-s, dis. m.
Pieux, pi-us, a, um, sans comp. ni superl.
Pillage, m. direptio, nis. f.
Pin (arbre), m. pin-us, i. et ûs. f. au plur. nom. acc. et vocat. toujours pinus.

Piquant, amar-us, a, um.

Piquer, pung-ere, o, is, punx-i *ou* pupug-i, punct-um. *acc.*

Pistolet, m. modi brevioris sclopet-us. i. *m.*

Pitié, f. misericordi-a, æ. *f.* *Avoir* —, miser-eri, eor, eris, t-us sum. *dép.* (*de q. q.*) *gén. On dit aussi* mi-ser-or, aris, at-us sum. *dép.;* miseret, misert-um. et miserit-um est. *imp.* (de) *gén.*

Place, f. sed-es, is. *f.*

Placer, colloc-are, o, as, av-i, at-um. *acc.* — *des obstacles devant q. q.,* alicui progredienti impedimenta objic-ere, io, is, objec-i, t-um.

Plaindre, miser-ari, or, aris, at-us sum. *dép. acc.;* dol-ere, eo, es, u-i, it-um. *acc.*

Plaire, plac-ere, eo, es, u-i, it-um. *n.* (*à q. q.*) *dat.* juv-are, o, as, i, jut-um. *acc.* *Se* —, delect-ari, *pass. Lucullus se plaisait à vivre. Lucullus* delectabatur. *gér. en do. ou tourn. vivre plaisait à Lucullus,* Lucullum juvabat. *le verbe à l'inf.* *Il plaît,* libet. *imp.* (*à q. q.*) *dat.*

Plaise ou *plût à Dieu,* utinam. *subj.*

Plaisir, m. volupta-s, tis. *f.;* gaudi-um, i. *n. Faire* —, juv-are, o, as, i, jut-um, *acc.* delect-are, o, as, avi, at-um. *acc. J'ai beaucoup de* —, multùm me juvat (*à*) *infin. Avec* —, liben-ter. *adv.*

Plante, f. plant-a, æ. *f.*

Plate-forme, f. summa planitie-s, i. *f. les deux mots se déclinent.*

Plein, plen-us, a, um. *gén. et abl.*

Pluie, f. pluvi-a, æ. *f.* imber, ris. *m.*

Plume, f. plum-a, æ. *f.*

Plupart (la), plerique, pleræque, pleraque. *plur. g.* plerorumque. *La* — *des hommes,* plerique homines. *La* — *du temps,* plerumque. *adv.*

Plus (*davantage*), ampliùs. *adv. Voy. les comparatifs.* magis; plus. *adv. gén.*

Plusieurs, plures, *m. et f.* plura. *neut. g.* plurium; plurim-i, æ, a.

Plus tôt (*au*), quàm primùm. *adv.*

Pluton, m. Pluto, nis. *m.*

Plutôt, potiùs. *adv.*

Poche, f. perul-a, æ. *f. Tirer de sa* —, e perulâ deprom-ere, o, is, ps-i, deprompt-um. *acc.*

Poëme, m. poema, tis. *n.*

Poëte, m. poet-a, æ. *m.* vat-es, is. *m.*

Poids, m. pond-us, eris. *n.*

Poison, m. venen-um, i. *n.*

Poisson, m. pisc-is, is. *m.* — *de rivière,* piscis fluviatil-is. *g. is.*

Pommier, m. mal-us, i. *f.*

Pompier, m. (*celui qui élève l'eau avec une pompe*), qui aquam antliâ extollit.

Port, m. port-us, ûs. *dat. et abl. plur.* portubus.

Porte, f. for-es, ium. *f. pl. Frapper à la* —, fores puls-are, o, as, av-i, at-um.

Porté (*enclin*), propens-us, a, um. (*à*) *ad. acc.*

pron-us, a, um. (*à*) ad. acc.

Porter, fer-re, o, s, tul-i, lat-um. acc. ger-ere, o, is, gessi, gest-um. acc.

Poser, pon-ere, o, is, pos-ui, it-um. — *à terre*, humi deponere. comp.

Poste, m. statio, nis. f.

Potion, f. potio, nis. f. *Ordonner une* —, potionem præscrib-ere, o, is, præscrip-si, t-um. *Prendre une* —, potionem sorb-ere, eo, es, u-i, sorpt-um.

Poule, f. gallin-a, æ. f.

Pour (afin de), ut, conj. *veut le subj.* —, ad, in; erga; prép. acc. —*moi*, ego verò. —, causâ, *avec le gén.*

Pourpre, f. purpur-a, æ. f.

Pourquoi, cur. adv. interrog.

Poursuivre (continuer), perg-ere, o, is, perrex-i, perrect-um. — (*courir après*), insequ-i, or, eris, insecut-us sum. dép. acc.

Pourtant, tamen. conj.

Pourvu que, dum, conj., *veut le subj.*

Pouvoir, m. potesta-s, tis. f.

Pouvoir, pos-se, sum, pot-es, pot-ui; val-ere, eo, es, u-i. n.

Pratique, f. exercitatio, nis, f. *Dans la —des règles*, in experiendis regulis.

Pratiquer, col-ere, o, is, ui, cult-um. acc.

Praxitèle, m. Praxitel-es, is. m.

Précepte, m. præcept-um, i. n.

Précepteur, m. præceptor, is. m.

Précieux, pretios-us, a, um.

Précipiter (se), ru-ere, o, is,

i, t-um. n. irru-ere. act. et neut. (*sur*), in. acc.

Précoce, præco-x, d. t. g. cis. *Esprit* —, præco-x ingeni-um. g. cis, i. n.

Premier (principal), præcipu-us, a, um. —, prim-us, a, um. *Quand on ne parle que de deux*, prior, is. *Le—venu*, obvius quisque, *tous les deux se déclinent.*

Prendre, cap-ere, io, is, ce-pi, capt-um. acc. aufer-re, o, s, abstul-i, ablat-um. acc.

Préparer, confic-ere, io, is, confec-i, t-um. acc.

Près, prope. prép. acc.

Présence, f. præsenti-a, æ. f. conspect-us, ûs. m.

Présent, m. don-um, i. n. mun-us, eris. n.

Présent (à), nunc. adv. *Dès à* —, jam primùm. adv.

Présenter (se), se offer-re, o, s, obtul-i, oblat-um; se d-are, o, as, ed-i, at-um.

Présomption, f. fiduci-a, æ. f.

Presque, ferè. adv. — *aussitôt*, ferè statim. adv.

Presser, excit-are, o, as, av-i, at-um. acc.

Prêt (disposé), paratus, a, um. — (*à*), ad. acc.

Prêter (faire un prêt), commod-are, o, as, av-i, at-um, acc. *Il aime à* —, eum juvat commodare.

Prier, rog-are, o, as, av-i, at-um. (qq.) acc. (de q. ch.) acc.

Prières, f. pl. prec-es, um. f. pl.

Prince, m. princ-eps, ipis. m.

Principal, præcipu-us, a, um.

Prison, f. ergastul-um, i. n.; carcer, is. m. *Jeter en —*, in carcerem conjic-ere, io, is, conjec-i, t-um. acc.

Privé (être), car-ere, eo, es, u-i. n. abl.

Priver, nud-are, o, as, av-i, at-um. (q. q.) acc. (de q. ch.) abl. orb-are, o, as, av-i, at-um.

Probité, f. integrita-s, tis. f. probita-s, tis. f. *Extrême —*, spectata integritas.

Prochain, proxim-us, a, um.

Procurer (être à), esse, sum, fu-i. dat.

Prodige, m. prodigi-um, i. n.; miracul-um, i. n.

Prodiguer, effund-ere, o, is, effud-i, effus-um. acc. — *au premier venu*, obvio cuique porrig-ere, o, is, porrex-i, porrect-um. acc.

Profane, profan-us, a, um.

Profiter (de l'occasion), occasionem amplect-i, or, eris, amplex-us sum. dép.

Profondeur, f. altitud-o, inis. f.

Profusion, f. sumpt-us, ûs. m.

Progrès, m. progress-us, ûs. m.

Proie, f. præd-a, æ. f.

Projet, consili-um, i. n. *Former de grands. —*, magna mol-iri, ior, iris, molit-us sum. dép. — *des projets*, animo cogitationes vers-are, o, as, av-i, at-um.

Promenade, f. ambulatio, nis. f. *Petite —*, ambulatiuncul-a, æ. f.

Promener (se), ambul-are, o, as, av-i, at-um; deambul-are. n.

Promesse, f. promiss-um, i. n. *Manquer à sa —*, fidem viol-are, o, as, av-i, at-um.

Promettre, promitt-ere, o, is, promis-i, sum; pollic-eri, eor, eris, pollicit-us sum. (q. ch.) acc. (à q. q.) dat. *Se —*, sibi vindic-are, o, as, av-i, at-um, acc.

Prompt, pron-us, a, um, g. i. (à), ad. acc.

Prononcer (la sentence), sententiam fer-re, o, s, tul-i, lat-um.

Propos (juger à), plac-ere, et, uit. imp. *Je ne jugeai pas à —*, tournez, *il ne me plut pas.*

Propre (à), apt-us, a, um; idone-us, a, um. ad. acc.

Protecteur, m. defensor, is. m.

Protéger, tu-eri, eor, eris, tuit-us sum. dép. acc. defend-ere, o, is, defens-um. acc.

Providence, f. providenti-a, æ. f.

Province, f. provinci-a, æ. f.

Provision, f. copi-a, æ. f.

Provisions (de vivres), f. pl. cibari-a, orum. pl. n. *Faire des —*, res vitæ necessarias compar-are, o, as, av-i, at-um.

Prudemment, prudent-er, iùs, issimè. adv.

Ptolémée, m. Ptolemæ-us, i. m.

Puis, dein. adv.

Puiser, haur-ire, io, is, haus-

i, haust-um (*q. ch.*) *acc.*
(*à*) e *ou* ex. *abl.*
Puisque, quoniam. *conj.*
Puissant, poten-s, *d. t. g.*
tis.
Punir, pun-ire, io, is, iv-i,
it-um.
Punissable (*digne de puni-*
tion), pœnâ dign-us, a,
um; castigand-us, a, um.
Pyrrhus, *m.* Pyrrh-us, i. *m.*

Q.

Qualité, *f.* do-s, tis. *f.*
Bonnes —, præclaræ dotes.
mauvaises —, pravæ dotes.
Quand, quando; quum. *conj.*
depuis —, à quo tempore ?
Quatorzième, decim-us quart-
us; a, um.
Quatre, quatuor. *indéclin.*
quatrième, quart-us, a, um.
—*cents*, quadringent-i.æ.a.
Que, qui, quæ, quod. g. cujus. *pron. relat.*—*après un*
compar. quàm. — (*com-*
bien), quàm ; quantùm;
quot. *indécl.*—(*interroga-*
tif), quid? cur? quare?—
de choses! quàm multa !
Quel, quis, quæ, quod *ou*
quid. g. cujus. — *signi-*
fiant quantième, quot-us,
a, um.—, *quand la chose*
peut se dire grande, quantus, a, um.
Quelque, *m.* quidam, quædam, quoddam. g. cujus-
dam.— *devant un nom de*
choses qui se comptent,
aliquot. *indécl.*—*part que.*
Voyez les adverbes des
questions de lieu.
Quelque chose, *f.* aliquid. g.
alicujus. *n.*

Quelquefois, aliquando; non-
nunquam. *adv.*
Quelqu'un, aliquis, a, id. *g.*
alicu-us; quidam, quædam,
quoddam. g. cujusdam. *Si*
— , si quis.
Question, *f.* percontatio,
nis. *f.* interrogatio, nis. *f.*
Questionner, interrog-are, o,
as, av-i, at-um. *acc.*
Questionneur, *m.* perconta-
tor, is. *m.*
Qui, qui, quæ, quod. g. cujus.—(*interrogatif*,) quis,
quæ, quid. g. cujus. — *des*
deux, ut-er, ra, rum. g.
rius.
Quinze, quindecim. *indécl.*
Quitter, relinq-uere, o, is,
reliqu-i, relict-um. *acc.*
Quoique, quamvis ; etsi. *conj.*

R.

Racheter, redim-ere, o, is,
redem-i, redempt-um. (*q.*
q.) *acc.* (*de q. ch.*) ab. *abl.*
Racine, *f.* radi-x, cis. *f.*
Ragoût, *m.* pulmentari-um,
i. *n.*
Raillerie, *f.* cavillatio, nis.
f. — *piquantes*, sales ama-
ri. *m. plur.*
Raisin, *m.* uv-a, æ. *f.*
Raison, *f.* ratio, nis. *f.*
Avec —. meritò. *adv.*
Raisonnable (*personne*), ra-
tione prædit-us, a, um ;
(*chose*), æqu-us, a, um.
Raisonneur, loquacul-us, a,
um.
Ralentir (*se*), laborem suum
intermitt-ere, o, is, inter-
mis-i, s-um.
Ramper, rep-ere, o, is, s-i,
t-um.
Rappeler, revoc-are, o, as,
av-i, at-um. *acc.*

Rare, rar-us, a, um ; eximi-
us, a, um.
Rarement, rar-ò, iùs, issimè.
adv.
Rastadt (ville d'Allemagne),
Rastadi-um, i. *n.*
Rat, m. mu-s, ris. *m.*
Ravage, m. vastita-s, tis. *f.*
Faire du —, vastitatem
affer-re, o, s, attul-i, allat-
um.
Ravager, popul-ari, or, aris,
at-us sum. *dép. acc. Qui
ravage,* populabund-us,
a, um. *acc.*
Rayon, m. radi-us, i. *m.*
Rebelle, rebell-is, is, e. *g.*
is.
Rebuter, fastidia par-ere, io,
is, peper-i, part-um.
Recevoir, accip-ere, io, is,
accep-i, t-um. (*q. ch.*) *acc.*
(*de q. q.*), ab. *abl.* cap-ere,
io, is, cep-i, capt-um, e *ou*
ex. *abl.*
Recherche, f. investigatio,
nis. *f.*
Recherché, expetit-us, a,
um. *abl.*
Récit, m. narratio, nis. *f.*
Récolter, collig-ere, o, is,
colleg-i, collect-um. *acc.*
Récompense, f. remunera-
tio, nis. *f.;* merce-s, dis.
f.; præmi-um, i. *n.*
Récompenser, remuner-are,
o, as, av-i, at-um. *acc., ou*
remuner-ari, or, aris,
atus sum. *dép. acc.*
Reconnaître (déclarer), de-
clar-are, o, as, av-i, at-um.
acc.
Recueillir, collig-ere, o, is,
colleg-i, collect-um. *acc.*
Réduire, subig-ere, o, is, sub-
egi, subact-um. *acc. — à
la dernière extrémité,* in
summas angustias adduc-

ere, o, is, adduxi, adduct-
um. *acc.*
Réellement, reipsa. *adv.*
Refuser, detrect-are, o, as,
av-i, at-um. *acc.*
*Regarder (ils regardent le
bien et le mal avec indifférence),* bonum et malum
eos modicè tangunt.
Regarder (comme), hab-ere,
eo, es, u-i, it-um ; existim-
are, o, as, av-i, at-um. *acc.*
—, *imp.* spectat; perti-
net; attinet. ad. *acc. Voy.
les règles.*
Règle, f. regul-a, æ. *f.*
Regorger, abund-are, o, as,
avi, at-um. (*de*) *abl.*
Regret, m. desideri-um, i.
n. Avoir du —, pig-ere,
et, uit. *imp.* (*de*) *gén.
A —,* ægrè. *adv.*
Regretter, desider-are, o,
as, av-i, at-um. *acc.*
Reine, f. regin-a, æ. *f.*
Rejeter, rejic-ere, io, is, re-
jec-i, t-um. *acc.*
Rejoindre (q. q.), præeun-
tem asseq-ui, or, eris, as-
secut-us sum. *dép.*
Réjouir (se), gaud-ere, eo,
es, gavis-us sum. *n. pass.*
læt-ari, or, aris, at-us sum.
dép. (*de q. ch.*) *abl.*
Remarquable, insign-is, is,
e. *g.* is; conspic-uus, a,
um, *sans comp. ni su-
perl.*
Remarquer, animadvert-ere,
o, is, i, s-um. *acc. Se faire
—,* emin-ere, eo, es, ui.
(*par*) *abl.*
Remplir, repl-ere, eo, es,
ev-i, et-um. (*q. q.*) *acc.*
(*de q. ch.*) *abl.* expl-ere,
eo, es, ev-i, et-um. *acc.*
Remporter, refer-re, o, s,
retul-i, relat-um. *acc.*

Renard, m. vulp-es, is, f.

Rencontrer, offend-ere, o, is, i, s-um. acc.; occur-ere, o, is, i, occurs-um. dat.

Rendre, redd-ere, o, is, id-i, it-um. acc. — *grâce*, grates persolv-ere, o, is, i, persolut-um. (à q. q.) dat. Se —, se confer-re, o, s, contul-i, collat-um.

Rendu (être), revoc-ari, or, aris, at-us sum. (à) ad. acc.

Réparer (sa faute), culpam lu-ere, o, is, i, t-um.

Repartir (répondre), subjic-ere, io, is, subjec-i, t-um.

Repentir, m. pœnitenti-a, æ. f.

Repentir (se), pœnit-ere, et, nit. imp. (de) gén.

Répondre, respond-ere, eo, es, i, s-um. (à q. q.) dat.

Repos, m. quie-s, tis. f. oti-um, i. n.

Reposer (se), quiesc-ere, o, is, quiev-i, quiet-um. n. — sur, insid-ere, eo, es, insed-i, insess-um.

Répréhensible, reprehensione dign-us, a, um.

Réprimer, reprim-ere, o, is, repress-i, um. acc.

Reprocher, exprobr-are, o, as, av-i, at-um. (q. ch.) acc. (à q. q.) dat.

Réprouvé (dévoué aux supplices éternels), suppliciis æternis addict-us, a, um.

République, f. respublic-a, reipublic-æ. f.

Réputation, f. fam-a, æ. f.

Réservé (être), man-ere, eo, es, s-i, s-um. n. (à) acc.

Réserver, serv-are, o, as, av-i, at-um. acc.

Résistance (vigoureuse), fortis defensio, nis. f.

Résister (à q. q.), incurrentem adversâ fronte excipere, io, is, excep-i, t-um.

Respecter, venerar-i, or, aris, at-us sum. dép. acc.

Respirer, spir-are, o, as, av-i, at-um. acc.

Ressembler, esse simil-is, is, e. g. is. g. ou dat.

Reste, m. reliqu-um, i. n. Au —, ceterùm. Tout le —, cetera. n. plur.

Rester, man-ere, eo, es, s-i, um; reman-ere, comp.; habit-are, o, as, av-i, at-um; commor-ari, or, aris, at-us sum. dép.

Retenu, verecund-us, a, um.

Retirer (du fruit), fructum percip-ere, io, is, percep-i, percept-um. De, ex. abl. Se —, ab-ire, eo, is, iv-i, it-um. Se — la vie sauve, abire incolumis, is, e. g. is.

Retour, m. redit-us, ûs. m.

Retourner, revert-i, or, eris, revers-us sum. dép. — dans, in. acc.

Revenir, red-ire, eo, is, iv-i, it-um. (à), ad. acc. (de), ab. abl. — de promener, ab ambulando.

Révoquer, revoc-are, o, as, av-i, at-um. acc.

Rhin, m. Rhen-us, i. m.

Rhône, m. Rhodan-us, i, m.

Riche, div-es, d. t. g. itis. comp. ditior, superl. ditissim-us, a, um.

Richesses, f. diviti-æ, arum. f. pl.; bon-a, orum. n. pl.

Rien, nihil. *adv.* — *ne*, nihil, indécl.

Rire, rid-ere, eo, es, ris-i, ris-um. *Le* —, ris-us, ûs. *m.*

Rivage, *m.* litt-us, oris. *n.*

Rivière, *f.* flum-en, inis. *n. De* —, fluviatil-is, is. e. g. is.

Robe, *f.* tog-a, æ. *f.*

Robert, *m.* Robert-us, i. *m.*

Robin (*mouton*), *m.* laniger, i. *m.*

Robinson, *m.* Robinson, is. *m.*

Rocher, *m.* scopul-us, i. *m.*

Rocroi, *m.* (*ville de France*), Rocroi-um, i. *n.*

Roi, *m.* re-x, gis. *m. De* —, regal-is, is, e. g. is.

Rome, *f.* Rom-a, æ. *f.* — *de Rome*, roman-us, a, um. *Les Romains*, Roman-i, orum. *m. pl.*

Ronger, corrod-ere, o, is, corros-um. *acc.*

Rose, *f.* ros-a, æ. *f. De rose*, ros-eus, a, um.

Rosser, ictibus contund-ere, o, is, contud-i, contus-um. *acc.*

Rossignol, *m.* luscini-a, æ. *f.*

Rouen, *m.* (*ville de France*), Rothomag-us, i. *m.*

Rouge, rub-er, ra, rum.

Rougir, erubesc-ere, o, is, erubu-i, *n.* — (*avoir honte*), pud-ere, et, uit. imp. (*de*) gén.

Rousseau, *m.* (*auteur célèbre*). Russelli-us, i. *m.*

Route, *f.* vi-a, æ. *f.*; — it-er, ineris. *n. Une mauvaise route*, *etc.* — via deterrima.

Royaume, *m.* regn-um, i. *n.*

Rudiment, *m.* rudiment-um, i. *n.*

Ruse, *f.* ast-us, ûs; dol-us i. *m.*

Rusé, callid-us, a, um.

S

Sabre, *m.* acinac-es, is. *m.*

Sac, *m.* sacc-us, i. *m.*

Saccager, dirip-ere, io, is, ui, dirept-um. *acc.*

Sacré, sac-er, ra, rum. g. ri.

Safran, *m.* croc-us, i. *m.* et croc-um, i. *n. De* —, croce-us, a, um.

Sage, sapien-s, d. t. g. tis.

Sagement, sapient-er. *adv.* ius, issimè.

Sagesse, *f.* sapienti-a, æ. *f.*; prudenti-a, æ. *f. Avec* —, prudenter. *adv.*

Saison, *f.* tempesta-s, tis. *f. Belle* —, secunda tempestas.

Sanglant, cruent-us, a, um.

Sanglier, *m.* ap-er, ri. *m.*

Sans, absque, sine. *prép. abl.*

Sans cesse, indesinenter; perpetuò. *adv.*

Sansonnet, *m.* sturn-us, i. *m.*

Saône (*rivière*), Arar-is, is. *f. Haute* —, Araris superior.

Satisfaire, satisfac-ere, io, is, satisfec-i, satisfact-um. *n.* (*q.q.*) *dat.*

Satisfait, content-us, a, um. g. i. *Etre* —, vehementer laud-are, o, as, avi, at-um.

Saturne, *m.* Saturn-us, i. *m.*

Sauce, *f.* embamma, tis. *n.*

Sauver (*q. q.*), incolumem serv-are, o, as, av-i, at-um. *acc.*

Savant, doct-us, a, um.

Saveur, f. sapor, is. m.

Savoir, novisse, nov-i, not-um. *acc.;* sc-ire, io , is , iv-i, it-um. *Ne pas —,* nesc-ire, io, is, iv-i, it-um, (*Voy. la règle du thème* 34.) *Ne — (ne pouvoir),* non poss-e, um, pot-es. u-i. *inf. — de q. q.,* cognosc-ere, o, is, cognov-i, cognit-um, e *ou* ex *abl. Je le sais,* id me non fugit. *Qui ne sait pas ,* rud-is, is, e. g. is.

Savoir-faire, singularis solerti-a, æ. f.

Scélérat, scelest-us, a, um; scel-us, eris. n.

Scélératesse, f. improbita-s, tis. f.

Science, f. scienti-a, æ. f. ; doctrin-a, æ. f.

Scrupuleusement, religiosè.

Scruter, scrut-ari, or, aris, at-us sum. *dép. acc.*

Sec, arid-us, a, um. g. i.

Second, secund-us , a, um. *Quand on parle de deux.* posteri-or, us. g. oris.

Secouer, quass-are, o, as, av-i, at-um. *— la tête,* quassare caput.

Secours, m. auxili-um, i. n. *Porter du —,* ferre auxilium. (*à q. q.) dat.* opitul-ari, or, aris, at-us sum. *dép. dat.*

Secourir (donner du secours), opitul-ari, or, aris, at-us sum. (*q. q.) dat.*

Seize , sexdecim. *indécl.*

Séjour (action de demeurer), commoratio, nis. f.

Séjourner, commor-ari ; or, ris, at-us sum. (*à)* in. *abl.*

Selon , secundùm. *acc. — mon plaisir,* ad libitum.

Semaine , f. hebdoma-s, dis.

Semblable , simil-is, is, e. g. is. (*à)* gén. ou *dat.*

Sembler (paraître), vid-eri, eor, eris, vis-us sum.

Semer, ser-ere, o, is, sev-i, sat-um ; semin-are, o, as, av-i, at-um. *acc.*

Semur (ville de France), Semurit-um, i. n.

Sens, m. sens-us, ûs. m.

Sens (ville de France), Senon-es, um. m. pl.

Sensé, egregiè cordat-us, a, um.

Sentence, f. sententi-a, æ. f.

Sentir, sent-ire, io, is, sens-i, um. *acc.*

Séparer, segreg-are, o, as, av-i, at-um (*q. q.). acc.* (*de q. ch.)* ab. *abl.* Se *—* de q. q., ab aliquo discedere, o, is, discess-i, um ; seced-ere, o, is, secess-i, um.

Sept, septem. *ind. Septième,* septim-us, a, um. *— cents,* septingent-i, æ , a.

Sépulture, f. sepultur-a, æ. f.

Service, offici-um, i. n.

Servir (être esclave), serv-ire, io, is, ii, it-um. n. *dat.;* inservire. *comp. — un maître,* hero famul-ari, or, aris, at-us sum, Se *—,* ut-i, or, eris, usus sum. *dép. abl. — de* q. q. alicujus operâ uti.

Serviteur, m. famul-us, i ; serv-us, i.

Servitude, f. servitu-s, tis. f.

Seul, sol-us, a, um. g. ius.

Seulement, tantùm ; tantummodo ; solummodo. *adv.*

Sévérité, f. severita-s, tis. f.

Si, si, *conj. Devant un adj. ou un adv.* tam. *Si régit le subj. devant l'imparf. et le plus-que-parfait. Si.... ne*, nisi, *conj. Si ce n'est*, nisi.

Sicile, *f.* Sicili-a, æ. *f.*

Siffler (*q. q.*), exsibil-are, o, as, av-i, at-um. *acc.* —, sibila effl-are, o, as, av-i, at-um.

Signe, *m.* sign-um, i. *n.*

Signer, subscrib-ere, o, is, subscrips-i, subscript-um.

Silence, *m.* silenti-um, i. *n.*

Simple (*peu rusé*), incallid-us, a, um; insan-us, a, um; ingenu-us, a, um. — (*facile*), facil-is, is, e. *g.* is.

Sincèrement, sincer-è. *adv.* iùs, rimè.

Sinon, *m.* (*nom d'homme*), Sino, nis. *m.*

Six, sex, *indéclin. Sixième*, sext-us, a, um. — *cents*, sexcent-i, æ, a.

Sobre, sobri-us, a, um.

Sobriété, *f.* sobrieta-s, tis. *f.*

Société, *f.* societa-s, tis. *f. La* —, communis hominum societas.

Socrate, *m.* Socrat-es, is. *m.*

Sœur, *f.* soror, is. *f.*

Soif, *f.* sit-is, is. *f. Avoir* —, sit-ire, io, is, iv-i, it-um. *n.*

Soigner, cur-are, o, as, av-i, at-um.

Soigneusement, *adv.* assiduè; diligenter. *adv.*

Soin, *m.* cur-a, æ. *f. Se charger du*—, curam suscip-ere, io, is, suscep-i, t-um.

Soir, *m.* vesper, is. *m.*; vesper-um, i. *n. Ce* —, hoc vespere. *Le* —, vespere. *Du* —, vespertin-us, a, um.

Soldat, *m.* mil-es, itis. *m.*

Solitude, *f.* solitud-o, inis. *f.*

Sollicitude, *f.* sollicitud-o, inis. *f.*

Sombre, trist-is, is, e. *g.* is.

Somme (*d'argent*), summ-a, æ. *f.* — *considérable*, grandis summa. *Dépenser des sommes considérables*, ingentes sumptus agere.

Son, su-us, a, um.

Sonder, explor-are, o, as, av-i, at-um. *acc.*

Sonner, cogit-are, o, as, av-i, at-um. — (*à*) de. *abl.*

Sort, *m.* sor-s, tis. *f.*

Sorte (*de la*), hoc modo, ita; sic. *adv.* — *Toute*, omne gen-us. *g.* eris. *n.*

Sortir, egred-i, ior, eris, egress-us sum. — (*se retirer*), disced-ere, o, is, discess-i, um. (*de*) ab. *abl.* — (*faire*), excut-ere, io, is, excuss-i, um. *acc.* (*de*) *abl.*

Souabe, *f.* Suevi-a, æ.

Soucieux (*tout*), anxi-us, a, um. *g.* i.

Souffrir, pat-i, ior, eris, pass-us sum. *dép. acc. Qui souffre*, patien-s, d. t. *g.* tis. *gén. Qui ne peut* —, impatien-s, d. t. *g.* tis.

Soumettre (*une nation*), gentem subig-ere, o, is, subeg-i, subact-um.

Soupçon, *m.* suspicio, nis. *f.*

Soupçonneux, suspica-x, d. t. *g.* cis; suspicios-us, a, um.

Souris, *f.* sor-ex, icis. *m.*

Sourire, subrid-ere, eo, es, subris-i, um. *n.*

Sous, sub. *prép. abl.*

Souscrire, assent-iri, ior, iris, assens-us sum. *dép.*

Soustraire (se), se subtrah-ere, o, is, subtrax-i, subtract-um. — *à la conscription*, militiæ nomen non dare.

Soutenir, sustin-ere, eo, es, u-i, sustent-um. *acc.*

Soutenu (être), nit-i, or, eris, nix-us *ou* nisus sum. *dép.* (*par ou de*) *abl.*

Souvenant (se), memor, is, d. t. g. *Ne se — pas*, immemor, is. *gén.*

Souvenir, *m.* memori-a, æ. *f.*

Souvenir (se), memin-isse i. *défect. gén. ou acc.* —, record-ari, or, aris, at-us sum. *dép. gén. ou acc. Qui se souvient*, memor, is. *Qui ne se souvient pas*, immemor, is. (*de*) *gén.*

Souvent, sæp-è. *adv.* iùs, issimè. *Un peu trop.* —, paulò sæpiùs.

Spectacle, *m.* (*comédie*), scenæ spectacul-um, i, *n.*

Spectateur, *m.* spectator, is. *m.*

Statue, *f.* statu-a, æ. *f.*; sign-um, i. *n.*

Strasbourg, *m.* (*ville de Fr.*), Strasburg-um, i. *n.*

Stratagème, *f.* dol-us, i. *m.*

Studieux, studios-us, a, um; studio dedit us, a, um.

Subit, repentin-us, a, um.

Sublime, sublim-is, is, e. g. is.

Substantiel, succos-us, a, um.

Succès, *m.* success-us, ûs. *m. Il a obtenu des succès*, tournez : *la chose lui a réussi heureusement*, res illi prosperè cessit.

Suffisamment, satìs. *adv.*

Suisse (la), *f.* Helveti-a, æ. *f.*

Suivre, sequ-i, or, eris, secut-us sum. *dép. acc.*

Sujet (soumis), subdit-us, a, um. g. i. — (*cause*), caus-a, æ. *f.*

Superbe (beau), splendid-us, a, um; magnific-us, a, um. — (*orgueilleux*), superb-us, a, um; fero-x, d. t. g. cis.

Superstitieux, superstitios-us, a, um.

Supplice, *m.* supplici-um, i. *n.*

Supporter, fer-re, o, s, tul-i, lat-um; toler-are, o, as, av-i, at-um. *acc.*

Sur, in. *prép. acc. quand il y a déplacement*, ablat., *quand on ne change pas de lieu*; super; supra. *acc.*

Sur, tut-us, a, um ; cert-us, a, um.

Surcroît, *m.* accessio, nis. *f.*

Sûreté, salu-s, tis. *f.*

Surmonter, super-are, o, as, av-i, at-um. *acc.*

Surnommé, cognominat-us, a, um. — *Fidèle*, cognomine Fidelis.

Surnommer, cognomin-are, o, as, av-i, at-um. *acc.*

Surtout, præsertim; imprimis. *adv.*

Surveiller, advigil-are, o, as, avi, at-um. (*q. q.*) *dat.*

Syntaxe, *f.* syntax-is, is. *f.*

T.

Tailleur, m. vestiari-us, i. m.

Taire (se), sil-ere, eo, es, u-i. n.

Tandis que, dùm. *conj. veut le subjonctif devant l'imparfait seulement.*

Tant, tantùm; tantopere. *adv. Devant un nom de choses qui se comptent*, tot, *indécl.*

Tante, f. amit-a, æ. f.

Tantôt (répété), modò ou tum *répété.*

Tarder (ne pas), *se tourne par* bientôt, mox.

Tel, tal-is, is, e. g. is. — (*en mauvaise part*), istius modi, *ou* ist-e, a, ud. g. ius.

Témoignage, m. testimoni-um, i. n.

Tempête, f. procell-a, æ. f. *Battu par la —*, jactatus procellâ.

Temps, m. temp-us, oris. n. *Long—*, diu, diut-iùs, issimè. *adv. Peu de —, après*, paulò pòst.

Tendre, tener, a, um.

Tenir, ten-ere, eo, es, u-i, t-um. *Se —*, st-are, o, as, stet-i, stat-um. *—aux portes*, ad portas stare.

Termes (en ces), his verbis.

Terminer, confic-ere, io, is, confec-i, t-um. *acc.*; perfic-ere, io, is, perfec-i, t-um. *acc. —un bâtiment*, ædem exstru-ere, o, is, exstrux-i, exstruct-um.

Terre, f. terr-a, æ. f. *A—*, humi.

Terrible, terribil-is, is, e. g. is.

Tête, cap-ut, itis. n.

Théophile, m. Theophil-us, i. m.

Thersite, m. Thersit-us, i. m.

Tiède, tepid-us, a, um.

Tirer (de), deprom-ere, o, is, ps-i, pt-um. e. *abl.*; ducere, o, is, dux-i, ductum. *abl.* —(*q. q.*) *par le bras*, aliquem brachio excut-ere, io, is, excuss-i, um. — *l'épée*, gladium string-ere, o, is, strinxi, strict-um. — *de l'utilité*, utilitatem percip-ere, io, is, percep-i, t-um. (*de q. ch.*) e ou ex. *abl.*

Titan, m. Titan-us, i. m.

Toison, f. vell-us, eris. n.

Toit, m. tect-um, i. n.

Tombe, f. tumul-us, i. m.

Tomber, cad-ere, o, is, cecid-i, cas-um. — *entre les mains*, in potestatem cad-ere. (*de q. q.*) gén.

Ton (voix), m. vo-x, cis. f.

Ton, ta, tes, tu-us, a, um.

Total, m. summa tot-a, f. g. summæ totius.

Toujours, semper. *adv.*

Tour, f. turr-is, is. f.

Tourmenter, vex-are, o, as, av-i, at-um. *acc. Se —*, se cruci-are, o, as, av-i, at-um; se jact-are, o, as, av-i, at-um.

Tourner, vert-ere, o, is, i, vers-um. *acc.*

Tout, omnis, is, e. g. is. —(*tout entier*), tot-us, a, um. g. ius; quilibet, quælibet, quodlibet. g. cujuslibet. — *à coup*, repente. *adv. Toute sorte*, omne genu-s, eris. n. (*de*) gén.

Trahir, prod-ere, o, is, prodid-i, i-tum. *acc.*

Traîner, pertrah-ere, o, is, pertrax-i, pertract-um. *acc.*

Traiter (*bien* ou *mal*), bene aut malè hab-ere, eo, es, u-i, it-um. *acc.*

Trame, f. (*criminelle*), perfidum consili-um, i. *n.*

Tranquille, tranquill-us, a, um.

Tranquillement, tranquillè. *adv.*

Tranquillité, f. tranquillita-s, tis. *f.*

Transmettre (*à la postérité*), posteris relinqu-ere, o, is, reliqu-i, relict-um. *acc.*

Transporter, deveh-ere, o, is, devex-i, devect-um; transveh-ere. *comp. acc.*

Travail, m. labor, is. *m.* ; oper-a, æ. *f.*

Travailler, labor-are, o, as, a-vi, at-um, *n.*

Traverser, trajic-ere, io, is, trajec-i, t-um. *acc.*—(*passer outre*), trans-ire, eo, is, ii ou iv-i, it-um. *acc.*

Tremblement, m. concuss-us, ûs. *m.*

Trésor, m. thesaur-us, i. *m.*

Triomphe, m. triumph-us, i. *m.* De—, triumphal-is, is, e. *g.* is.

Triste, trist-is, is, e. *g.* is.

Triumvir, m. triumvir, i. *m.*

Trois, tres, tres, tria. *g.* trium. *Troisième,* tertius, a, um. — *cents,* trecent-i, æ, a.

Tromper, decip-ere, io, is, decep-i, t-um. *acc.* Se—, err-are, o, as, av-i, at-um.

Tronc, m. trunc-us, i, *m.*

Trop, nimis, *adv. Un peu* —, paulò, *avec le comparatif.*

Trotter, concurs-are, o, as, av-i, at-um.

Troupeau, m. pec-us, oris. *n.*

Trouver (*sans chercher*), reper-ire, io, is, i, t-um. *acc.* inven-ire, io, is, i, t-um. *acc.*

Trouver (*juger*), judic-are, o, as, av-i, at-um. *acc.*

Tuer, occid-ere, o, is, i, occis-um ; interfic-ere, io, is, interfec-i, t-um. *acc.* ; nec-are, o, as, av-i ou ui, at-um ou t-um. *acc.*

Tuileries, f. hort-us regius a tegularum officinis dictus. *g.* i. (*déclinez,* hortus regius *et* dictus.)

Tulipe, f. tulip-a, æ. *f.*

Turbot, m. rhomb-us, i. *m.*

U.

Ulm (*ville de Souabe*), Ulm-a, æ. *f.*

Un (*certain*), quidam, quædam, quoddam. *g.* cujusdam. *pron.* —(*adjectif de nombre*), un-us, a, um. *g.* ius. — *jour,* die quâdam.

Uranus, m. Uran-us, i. *m.*

User (*de*), ut-i, or, eris, usus sum. *dép. abl.*—*de son droit,* jus suum ten-ere, eo, es, ui, t-um.

Utile, util-is, is, e. *g.* is. *dat.; superl.* utilissim-us, a, um.

V.

Vain (*orgueilleux,* superb-

us, a, um. *En* —, frus-
tra. *adv.*
Vaincre, vinc-ere, o, is, vic-i,
vict-um. *acc.*
Vainqueur, m. victor, is. *m.*
Vaisseau, m. nav-is, is. *m.*
Valet, m. serv-us, i. *m.*; famul-us, i. *m.*
Vallée, f. vall-is, is. f.
Valoir, val-ere, eo, es, u-i.
n. —*mieux*, præst-are, o,
as, it-i, it-um. *n. dat. ou*
potior esse, sum, fu-i, *abl.*
Il vaut mieux, præstat potiùs; satius est.
Vanité, f. vanita-s, tis. f.
Vanter (*louer*), laudibus ef-
fer-re, o, s. *acc.* —, jactit-
are, o, as, av-i, at-um.
acc. magnifico laudum ap-
paratu celebr-are, o, as,
av-i, at-um. *acc.*
Vaste, vast-us, a, um.
Vaurien, m. verbero, nis. *m.*
Veiller, invigil-are, o, as,
av-i, at-um. (*à q. ch.*) *dat.*
—*aux intérêts*, commodis.
Veine, f. ven-a, æ. f.
Vengeance, f. vindict-a, æ.
f.; ultio, n-is. f. *Tirer* —
de q. q., vindictam ab aliquo exig-ere, o, is, exeg-i,
exact-um.
Venger (*se*), ulcisc-i, or,
eris, ult-us sum. *dép. acc.*
Venir, ven-ire, io, is, i,
t-um. *n.* (*à ou dans*), in.
acc. Qui venait de, pro-
fectus, a, um. *abl.* —
avec q. q. sequ-i, or, eris,
secut-us sum. *dép. acc.*
Vent, m. vent-us, i. *m.*
Vénus, f. Ven-us, eris. f.
Ver, m. verm-is, is, *m.* —*à
soie*, bomby-x, cis. *m.*
Véritable, ver-us, a, um.
Véritablement, verè. *adv.*

Vérité, f. verita-s, tis. f.;
ver-um, i. *n. A la*—, equi-
dem. *adv.*
Vers, m. vers-us, ûs. *m.*
Vers, ad. *prép. acc.*
Vert, virid-is, is, e. g. is.
Vertu, f. virtu-s, tis. f.
Vertueux (*doué de vertu*),
virtute prædit-us, a, um.
Vesoul (*ville de France*),
Vesuli-um, i. *n.*
Vice, m. viti-um, i. *n.*
Victime, f. victim-a, æ. f.
Victoire, f. victori-a, æ. f.
Vider (*des arrosoirs*),
aquam ex alveolis effund-
ere, o, is, effud-i, effus-
um.
Vie, f. vit-a, æ. f.; æta-s, tis.
f. *Mener une* —, vitam
deg-ere, o, is, i. *Perdre la*
—, vitam amitt-ere, o, is,
amis-i, sum.
Vienne (*ville d'Autriche*),
f. Vindobon-a, æ. f.
Vif, ac-er, ris, e. g. is; viv-
us, a, um; fervid-us, a,
um.
Vigueur, f. vis, is. f.
Vil, vilis, is, e. g. is.
Vilain (*laid*), horrid-us,
a, um.
Village, m. vic-us, i. *m.*;
pag-us, i. *m. Petit* —, vi-
cul-us, i. *m.*
Villars (*général*), m. Vil-
larti-us, i. *m.*
Ville, f. urb-s, is. f.; civi-
ta-s, tis. f. —(*place fortifiée*), oppid-um, i. *n.*
Vin, m. vin-um, i. *n.*
Vingt, viginti. *indécl. ving-
tième*, vicesim-us, a, um.
Violent, vehemen-s, d. t. g.
tis.
Violette, f. viol-a, æ.

Virgile, m. Virgili-us, i. *m.*

Visite (*d'un médecin chez un malade*), ad ægrotum aditio, nis. *f.*

Visiter (*aller voir*), invis-ere, o, is, i, um. *acc.*

Vite, celeriter. *adv.* celer-iùs, rimè.

Vivacité, *f.* petulanti-a, æ. *f.*

Vivre, viv-ere, o, is, vix-i, vict-um. — *de*, vesc-i, or, eris. *dép. abl.*

Vivres (*des*), cibari-a, orum. *plur. n.*

Voici, en, ecce, *adv. nom.* ou *acc.*

Voie, *f.* vi-a, æ. *f.*

Voilà, ecce. *adv. nom.* ou *acc.* — *ce qui*, hoc.

Voile, vel-um, i. *n.*

Voir, vid-ere, eo, es, i, vis-um. *acc.*

Voirie, *f.* (*jeter q. q. à la—*), aliquem projicere inhumatum, *ou* feris alitibusque epulandum. *m. à m. jeter quelqu'un devant servir de pâture aux bêtes féroces et aux oiseaux.*

Voisin, m. vicin-us, i. *m.*

Voisine, *f.* vicin-a, æ. *f.*

Voiturier, m. vecturam facien-s, tis. *m.*

Voix, *f.* vo-x, cis. *f. A —* *haute*, voce contentâ.

Voler (*dérober*), subrip-ere, io, is, u-i, subrept-um. *acc.; fur-ari*, or, aris, atus sum. *dép. acc.*

Voleur, m. latro, nis. *m.;* fur, is. *m.*

Volontiers, libenter. *adv.*

Voltiger, volit-are, o, as, av-i, at-um. *m.*

Voracité, *f.* ingluvi-es, ei. *f.*

Votre (*en parlant à un seul*), tu-us, a, um. g. i. (*à plusieurs*), vest-er, ra, rum. g. i.

Vouloir, velle, vol-o, vis, vol-ui. *irrégul. acc.;* — (*désirer*), cup-ere, io, is, iv-i, it-um. *acc.;* (*ordonner*), jub-ere, eo, es, juss-i, um. *acc. Ne—pas,* nol-le, o, non vis, non vult. *irrégul. acc.*

Vous (*en parlant à un seul*), tu, tui. (*à plusieurs*) vos, vestrûm *ou* vestrî.

Voyager, it-er fac-ere, io, is, fec-i, fact-um. — *en*, per. *acc.*

Voyageur, m. viator, is. *m.*

Vrai, ver-us, a, um.

Vue, *f.* vis-us, ûs. *m. A la—* ad conspectum, (*de*) gén.

Vulcain, m. Vulcan-us, i, *m.*

X.

Xantippe, *f.* Xantippa, æ. *f.*

Y.

Yeux, m. *plur.* ocul-i, orum. *m. plur.*

Z.

Zèle, m. studi-um, i. *n.*

Zélé, studios-us, a, um.

FIN DU DICTIONNAIRE.

TABLE

DES MATIÈRES.

THÈMES.

THÈMES.

FIN DE LA TABLE.